Hans Hartmut Schmidt

Gruppen leiten: Das Kursbuch

Hans Hartmut Schmidt

Gruppen leiten: Das Kursbuch

Gesprächsführung, Motivation, Konfliktlösungen, Anregungen

Brendow
Buch · Kunst · Verlag

Die Deutsche Bibliothek – CIP-Einheitsaufnahme

Schmidt, Hans Hartmut:
Gruppen leiten – das Kursbuch : Gesprächsführung, Motivation, Konfliktlösungen,
Anregungen / Hans Hartmut Schmidt. – Moers : Brendow, 1998
(Edition C : M ; 239)
ISBN 3-87067-743-0

ISBN 3-87067-743-0
Edition C, M 239

Einbandgestaltung: Kortüm + Georg,
Agentur für Kommunikation, Münster
Satz: AbSatz Ewert-Mohr, Klein Nordende
Druck und Bindung: Clausen & Bosse, Leck
Printed in Germany

Inhalt

Vorwort

»Seid so unter euch gesinnt, wie es auch der Gemeinschaft in Christus Jesus entspricht!« (Phil. 2, 5).

Einer komme dem anderen in Ehrerbietung zuvor! Einer sei der Diener des anderen! Wo nur Diener sind, gibt es keine Herren!

Die Kleingruppen und Hauskreise in den christlichen Gemeinden sind vermutlich die einzigen Plätze auf der Erde, wo Jesu Gesinnung die Gruppennorm ist. Dort kommen Menschen zusammen, die Jesu Konzepte für Kommunikation und Zusammenleben praktizieren wollen.
Wie kann diese Gesinnung in einer Gruppe umgesetzt und gelebt werden?
Das ist für mich die Triebfeder, die hinter allen meinen Überlegungen und Vorschlägen in diesem Kursbuch steht.
Mit Einsichten aus vielen Jahren eigener Gruppenarbeit und Erkenntnissen der Kommunikations- und Gruppenforschung will ich Gruppenleiter/innen Hilfen und neue Denkanstöße für ihre anspruchsvolle Aufgabe anbieten.

So möchte ich als Gruppenleiter arbeiten, so wünsche ich mir eine intakte Gruppe:

»Wenn du in deiner Mitte niemand unterjochst und nicht mit Fingern zeigst und nicht übel redest, sondern den Hungrigen dein Herz finden läßt und den Elenden sättigst, dann wird dein Licht in der Finsternis aufgehen, und dein Dunkel wird sein wie der Mittag. Und der Herr wird dich immerdar führen und dich sättigen in der Dürre und dein Gebein stärken. Und du wirst sein wie ein bewässerter Garten und wie eine Wasserquelle, der es nie an Wasser fehlt. Und es soll durch dich aufgebaut werden, was lange wüst gelegen hat, und du wirst wieder aufrichten, was vorzeiten gegründet ward; und du sollst heißen: Der die Lücken zumauert und die Wege ausbessert, daß man da wohnen könne« (Jes. 58, 9-12).

Hans Hartmut Schmidt

1 Ziel und Weg von ganzheitlichen Kleingruppen

1.1 Das Ziel: Gemeindewachstum nach innen und außen

Gemeindewachstum nach innen und außen, was das inhaltlich und praktisch bedeutet, darüber gehen in den christlichen Kreisen die Meinungen weit auseinander. Mein Verständnis davon stelle ich im folgenden Abschnitt kurz dar:

Wachstum nach innen

Wachstum nach innen ist weitgehend identisch mit der Aussage »im Glauben wachsen.« Glauben heißt für mich, eine persönliche Beziehung zu Gott durch Jesus zu haben. Im Glauben wachsen bedeutet – wie auch bei einer zwischenmenschlichen Beziehung –, daß die Beziehung enger, stärker, tiefer, belastbarer und befriedigender wird. Dieses Wachstum hat Auswirkungen auf das gesamte persönliche Leben mit allen Beziehungen und Umständen. Auf eine Gruppe bezogen bedeutet das:

- Die Gruppenmitglieder machen Lernfortschritte im Reife- und Erkenntnisprozeß bezogen auf sich selbst, auf ihren Glauben und in den Beziehungen zu anderen Menschen. Sie übernehmen die Verantwortung für ihr Leben und stützen andere. Sie bauen hilfreiche Beziehungen auf und sammeln dabei gute Erfahrungen.

- Der innere Zusammenhalt der Gruppe wächst. Die Liebe untereinander nimmt zu. Die Mitglieder gehen offen und ehrlich miteinander um. Sie lernen miteinander zu streiten ohne sich zu verletzen. Konflikte werden benannt, gemeinsam geklärt und ausgetragen.

- Mitglieder der Gruppe werden zur Mitarbeit ermutigt, befähigt und zu Co-Gruppenleiter/innen und Gesprächsleiter/innen aufgebaut.

Wachstum nach außen

Wachstum nach außen bedeutet in erster Linie: Die Gruppe wird zahlenmäßig größer und wird – damit die Vorteile einer überschaubaren Gruppe erhalten bleiben – z.B. mit dem 15. festen Teilnehmer geteilt.

- Die Mitglieder der Gruppe laden Freunde und Bekannte zu den Treffen und zu Gemeindeveranstaltungen ein; auch sie sollen Gottes Liebe erfahren und ein sinnerfülltes, gottgefälliges Leben kennenlernen:
  »Gott will, daß alle Menschen gerettet werden und sie zur Erkenntnis der Wahrheit kommen« (1. Tim. 2,4).

- Im Rahmen der Gruppe und Gemeinde nimmt jedes Gruppenmitglied seine soziale Mitverantwortung für Staat, Gesellschaft und Umwelt wahr.

Alle Mitglieder und insbesondere alle Gruppenleiter/innen, die diese Ziele verfolgen und sich dafür einsetzen, werden erfahrungsgemäß stark davon profitieren: Sie gewinnen an Weisheit, Gotteserkenntnis, Wissen und vielen menschlichen Erfahrungen. Die ständige Herausforderung durch die Aufgaben und die intensiven Kontakte mit Menschen bewahrt sie vor Stillstand und Rückschritt in der eigenen Entwicklung.

Warum engagieren sich Christen in ihren Gemeinden als Leiter/innen von Gesprächsgruppen?

»Welche Ziele streben Sie als Gruppenleiter/in an?« – Auf diese Frage erhielt ich bei meiner Befragung (s. Anhang) von Leitern folgende Antworten:

- Auseinandersetzen mit Glaubens- und Lebensfragen, Einladen zum Glauben, Bibel kennenlernen, Erkenntnisse vertiefen, Bezug zwischen biblischen Aussagen und dem alltäglichen Leben herstellen, Mutmachen zum missionarischen Christsein, intensiver, persönlicher, offener, seelsorgerlicher Austausch.

- Christliche Gemeinschaft einüben und erleben, gemeinsam und für einander beten und dasein, Zusammengehörigkeit entwickeln, Lebenshilfe untereinander, Kommunikation und Solidarität in der Gruppe verstärken.

- Neue Teilnehmer gewinnen, Integration in die Gemeinde, Teilnehmer an Aktivitäten und Aufgaben in der Gemeinde heranführen und unterstützen.

1.2 Der Weg: Wie kann Gemeindewachstum entstehen und gefördert werden? Was sind die entscheidenden Merkmale wachsender Gemeinden? Welche Prinzipien und Wege verfolgen sie stärker als wenig wachsende oder schrumpfende Gemeinden?

Das Ökumenische Gemeinde-Institut in Emmelsbüll führte dazu eine umfassende weltweite Studie durch. Von 1994 - 1996 wurden 1000 Gemeinden untersucht. In dem Buch »Die natürliche Gemeindeentwicklung« stellt Christian A. Schwarz die Ergebnisse vor.

Für das Gemeindewachstum sind acht Qualitätsmerkmale nachweisbar:

- Bevollmächtigende Leitung
- Gabenorientierte Mitarbeiterschaft
- Leidenschaftliche Spiritualität
- Zweckmäßige Strukturen
- Inspirierender Gottesdienst
- Ganzheitliche Kleingruppen
- Bedürfnisorientierte Evangelisation
- Liebevolle Beziehungen

Will eine Gemeinde nach innen und außen wachsen, darf kein Qualitätsmerkmal fehlen. Wenn aber eines der Merkmale hervorzuheben ist, so ergibt die Auswertung der Untersuchung, ist es das Prinzip der ganzheitlichen Kleingruppen.

In den Kleingruppen wird viel von dem verwirklicht, was das Wesen der Gemeinde Jesu ausmacht. Je mehr Menschen zu einer Gemeinde und ihrem Umfeld gehören, desto entscheidender wird das Kleingruppenprinzip für ihr weiteres Wachstum.

Die Untersuchung bestätigte nicht nur die naheliegende Erfahrung: Das Entstehen immer neuer Kleingruppen in einer Gemeinde ist weltweit ein allgemeingültiges Gemeindewachstumsprinzip. Die Studie gab darüber hinaus auch Aufschluß, wie ein Kleingruppenleben in einer wachsenden Gemeinde aussieht.

Chr. A. Schwarz: »Als entscheidender Faktor stellte sich die ›Ganzheitlichkeit‹ heraus. Das bedeutet: Hier wird nicht nur über Bibeltexte geredet, sondern hier werden geistliche Impulse und das alltägliche Leben der Christen fortwährend in Beziehung zueinander gesetzt. Die Teilnehmer solcher Gruppen haben die Möglichkeit, sich mit den Fragen, die sie wirklich bewegen, in die Gemeinschaft einzubringen.

Ganzheitliche Kleingruppen sind der natürliche Ort, wo Christen mit ihren Gaben anderen – Gruppenmitgliedern und Nicht-Gruppenmitgliedern – dienen lernen. Eine geplante Multiplikation dieser Form von Kleingruppen wird dadurch erleichtert, daß die Gruppen selbst beständig neue Leiter produzieren« (S. 32).

Die Prinzipien, die für das Gemeindewachstum nachgewiesen werden konnten, müssen sich auch in wachsenden Kleingruppen, in Haus- und Gesprächskreisen wiederfinden und beachtet werden.

Wie das geschehen kann, beschreibe ich in den nächsten Abschnitten. Zunächst stelle ich kurz das Gemeindewachstumsprinzip dar und versuche dann eine Übertragung bzw. Eingrenzung auf die wachsende Kleingruppe.

Qualitätsmerkmal: Bevollmächtigende Leitung

(Beachten Sie bitte: Das erste Prinzip heißt nicht »bevollmächtigte Leitung«, so jedenfalls las ich es – vermutlich aus frommer Gewohnheit – die ersten Male, sondern »bevollmächtigende Leitung«.)

Der Leitungsstil in wachsenden Gemeinden ist beziehungsorientierter, personenbezogener und partnerschaftlicher als in schrumpfenden Gemeinden.

Der stärkste Unterschied im Hinblick auf den Führungsstil ist: »Leiter wachsender Gemeinden konzentrieren ihre Arbeit darauf, andere Christen zum Dienst zu befähigen. Sie gebrauchen ehrenamtliche Mitarbeiter nicht als ›Helfer‹, um ihre eigenen Ziele und Visionen umzusetzen. – Sie befähigen, unterstützen, motivieren, begleiten die einzelnen, damit sie zu dem werden, was Gott mit ihnen vorhat« (S. 22).

Auf die Gruppe bezogen:
Eine Hauptaufgabe des Gruppenleiters, der Gruppenleiterin ist es, Co-Leiter/innen heranzuziehen, Mitarbeiter/innen zu fördern, möglichst viele Aufgaben und Verantwortungsbereiche an einzelne Gruppenmitglieder abzugeben. Die Gruppenleiterin/der Gruppenleiter nimmt keine »Starrolle« ein und bindet Gruppenmitglieder an ihre/seine Person.

Durch Delegation kommt es zur Multiplikation! Wachstum geschieht dann wie »ganz von selbst«.

Spätestens, wenn absehbar ist, daß die Gruppe bald mehr als zehn Mitglieder haben wird, werden zwei oder drei Mitglieder darauf vorbereitet, eine neue Gruppe zu beginnen. Der Teilungsschmerz der Gruppe wird unter diesen Bedingungen von den Mitgliedern eher als natürlich, notwendig und positiv empfunden. Dies sind Wachstumsschmerzen, die zu einer Weiterentwicklung dazugehören und für eine bewußte Abnabelung von der »Muttergruppe« wohl notwendig sind.

Gruppenleiter/innen wachsender Gruppen sehen eine Hauptaufgabe darin, neue Gruppenleiter/innen zu entdekken, zu fördern und zu begleiten.

Mentoring, Coaching, Training, Jüngerschulung, Patenschaft, Zweierschaft: Alle diese Formen der persönlichen Weitergabe von Wissen, Erfahrungen, Know how und Information sind – langfristig gesehen – die effektivsten Methoden, Mitarbeiter/innen zu qualifizieren und an neue Aufgaben heranzuführen.

Fragen

☛ Bin ich wirklich bereit, meine »Macht« als Gruppenleiter/in zu teilen?

☞ Wie geduldig bin ich? Denke ich öfter: »Bis ich der/dem das alles erkläre, habe ich es dreimal schneller und dazu noch besser selber gemacht!«?

☞ Inwieweit gebe ich mein persönliches Wissen und meine Erfahrung als Gruppenleiter/in an einzelne Gruppenmitglieder gezielt weiter?

☞ Wer könnte Co-Leiter/in werden?

☞ Habe ich das Ziel, Wachstum nach innen und außen, noch fest genug im Auge, oder verharre ich zu stark im Jetzt und Hier und habe den Weitblick verloren?

☞ Wen könnte ich für mich als Berater, Coach oder Mentor ansprechen?

Qualitätsmerkmal: Gabenorientierte Mitarbeiterschaft

»Der gabenorientierte Ansatz beruht auf der Einsicht: Gott hat selbst bestimmt, welche Christen nach seinem Plan welche Dienste am besten wahrnehmen sollten. Die Aufgabe der Gemeindeleitung ist es lediglich, den Gemeindegliedern dabei zu helfen, ihre gottgegebenen Gaben ausfindig zu machen und einen Dienst zu finden, der zu diesen Gaben paßt. Indem Christen ihren geistlichen Gaben gemäß leben, arbeiten sie nicht aus eigener Kraft, sondern der Geist Gottes arbeitet in ihnen. So können ganz gewöhnliche Menschen außergewöhnliche Leistungen vollbringen!« (S. 24).

»Ein interessantes Nebenergebnis unserer Forschungen war«, so führt Chr. A. Schwarz weiter aus, »daß kaum ein Faktor in einem so starken Zusammenhang zum subjektiv empfundenen Lebensglück eines Christen steht wie die Frage, ob wir unseren geistlichen Gaben gemäß leben oder nicht. – Bei keinem der acht Qualitätsmerkmale sind die Auswirkungen, die der Ansatz gleichzeitig auf das persönliche wie das gemeindliche Leben hat, so groß wie bei diesem« (S. 24).

In wachsenden Gemeinden findet jedes Mitglied und jeder Gast *seinen* Platz im Gemeindeleben. Keinem wird etwas aufgedrängt. Niemand wird in ein Amt gedrängt, gelobt, manipuliert, das nicht zu ihm/ihr paßt, das sie/er nicht echt annimmt. Es ist besser ein Aufgabenfeld brachliegen zu lassen, als nicht begabte Leute darauf »zwangsarbeiten« zu lassen. Ein Projekt mag der Leitung oder einigen Mitgliedern der Gemeinde noch so wichtig erscheinen: In der Notlage »unfähige Arbeiter« zu beauftragen, ist offensichtlich der falsche Weg. Alles hat seine Zeit! Abwarten hat seine Zeit! Zupacken hat seine Zeit!

»Zwangsarbeiter«, die aus noch so scheinbar frommen Gründen – wie vorauseilendem Gehorsam, falsch verstandener Demut usw. – einen Arbeitsauftrag annehmen, behindern eher das Wachstum der Gemeinde als sie ihm nützen! Diese Mitarbeiter/innen fühlen sich bald überfordert, stöhnen unter ihren Aufgaben und strahlen keine Lebensfreude mehr aus. Ihr Christsein wird ihnen zur Last und damit auch lästig.

Der anscheinend »unterste Weg«, manchmal auch fälschlicherweise »Gehorsamsweg« genannt, ist oft gerade nicht der »rechte Weg«, sondern wird leider häufig von Christen eingeschlagen, weil sie nicht den Mut zum Neinsagen aufbringen. Sie fühlen sich besonders von geistlichen Autoritäten abhängig und können den Argumenten und dem entgegengebrachten Vertrauen nicht widerstehen.

Die Studie zeigt sehr eindeutig:
Zuerst kommen die Gaben, dann die Aufgaben!

Gemeindeleitungen müssen sich bescheiden mit dem Potential an Gaben und Menschen (Manpower), das in ihrer Gemeinde vorhanden ist. Es stellt einen Mißbrauch ihrer Autorität dar, wenn sie auf Gemeindeglieder mehr oder weniger starken Druck ausüben, damit diese »Freiwilligen« dann ihre Visionen, Ideen, Aktionen verwirklichen.

Es gibt keine Gemeinde ohne einen riesigen Fundus an Gaben und Talenten bei den Gemeindegliedern. Es gilt nur, diese Schätze zu heben. Je mehr ein Mensch seine Gaben für andere einbringen kann, desto sinnvoller empfindet er sein Dasein und Lebensglück.

Gaben sind Aufgaben!

Eine Hauptaufgabe sehen die Leitungen wachsender Gemeinden darin, Gaben und Fähigkeiten der Gemeindeglieder zu entdecken, zu fördern, zu schulen, zu trainieren, und entsprechende gute Rahmenbedingungen zu schaffen, damit diese Gaben in das Gemeindeleben und darüber hinaus optimal eingebracht werden können.

Da Gott der Geber aller Gaben ist, braucht eine Gemeinde nicht neidisch auf andere Gemeinden zu schielen. Wenn eine Gemeinde mit den vorhandenen Gaben wuchert und um Gaben zur Behebung von Mängeln bittet, wird Gott die dazu nötigen Menschen und Gaben herbeibringen und/oder die entsprechenden Fähigkeiten bei Gemeindegliedern aufdecken und entwickeln. Mit »Gewalt«, erhöhtem Einsatz und Aktionismus lassen sich im Bau der Gemeinde keine Schwachstellen beheben!

»Wenn der Herr nicht das Haus baut, so arbeiten umsonst, die daran bauen« (Ps. 127, 1).

Auf die Gruppe bezogen

Die Übertragung dieses Gemeindewachstumsprinzips auf die Gruppe ist naheliegend. Ist doch die kleine Gruppe der ideale Ort, wo Gaben erprobt und mit wenig Risiko ausprobiert werden können. Das Publikum ist sehr wohlgesonnen und hilft dem »Kandidaten« mit aufbauender Kritik gerne weiter.

Gott hat die Mitglieder der Gruppe mit vielfältigen Fähigkeiten ausgestattet; sie heißt es zu erkennen, einzusetzen und weiter zu entwickeln. Geschieht das in Offenheit und in einer vertrauensvollen Atmosphäre, erleben das die Teilnehmer als beglückend und sinnvoll. Niemand wird überfordert. Jeder bringt sich so ein wie er kann.

Es ist ein Fehler, sich als Gruppe oder auch einzelne/r eine Aufgabe oder Verpflichtung aufdrängen zu lassen. Wenn ich nicht hinter der Sache stehe, nicht ansatzweise die Fähigkeiten und Möglichkeiten für mich sehe, diese Aufgabe zu erfüllen, darf ich nicht aus Menschenfurcht »Ja« sagen. Das ist Selbstbetrug und fromme Heuchelei. Dies schadet mir und der Gemeinde.

Dieser Grundsatz – »erst die Gabe, dann die Aufgabe« – ist besonders für uns Gruppenleiter/innen wohltuend, entlastend und befreiend!

Nicht meine Einschätzung der Dringlichkeit, ein Problem zu lösen und eine Aufgabe anzugehen, ist letztlich entscheidend, sondern inwieweit habe ich die erforderlichen Gaben dazu. Bin ich voll ausgebucht, muß ich mich sogar verweigern und brauche dabei kein schlechtes Gewissen zu haben.

Nehme ich dennoch – wider besseres Wissen – weitere Aufgaben an, überhebe ich mich; ich überschätze meine Wichtigkeit. Auch sollte ich dringend meine Motive dafür überprüfen! Nichts anderes als die Gier nach mehr Ehre, Macht, Ansehen ist meistens unsere Triebfeder bei diesen Grenzüberschreitungen. Je edler, reiner und frömmer mir meine Begründungen erscheinen, desto gefährlicher sind sie, daß ich mir selbst etwas vormache.

Die starke Orientierung an den Gaben, d. h. auch an den Eigenschaften und Eigenarten, des einzelnen Mitglieds in der Gruppe ist für einen respektvollen Umgang miteinander von großer Bedeutung und bringt die gegenseitige hohe Wertschätzung zum Ausdruck.

Wenn ich die Erfahrung mache, hier werde ich zu nichts gezwungen, hier in dieser Gruppe wird mir nichts übergestülpt, hier wird nichts von mir erwartet und gefordert, was ich nicht geben will oder nicht leisten kann, dann vermittelt mir das Sicherheit und Geborgenheit. Das ist für mich ein idealer Nährboden, auf dem ich meine Gaben entfalten kann, auch auf die Gefahr hin, daß ich scheitere. Selbst meine Fehler und Mängel brauche ich nicht verstecken, ich kann sie zugeben, daran arbeiten und mich weiter entwickeln.

Mache ich in der Gruppe gute Erfahrungen, steigert dies mein Selbstwertgefühl und Wohlbefinden. Von der Gruppe werde ich auf der Suche nach meiner Identität – Wer bin ich eigentlich? Was kann ich alles? – unterstützt. Die Gruppenmitglieder teilen mir mit, was sie an mir gut und was sie weniger gut finden (Feedback). Sie geben mir wichtige Anregungen für meine Entwicklung zu der Persönlichkeit hin, die Gott in mich hineingelegt hat. So wie Gott, der Schöpfer, mich meint, so will ich werden!

»Schon vor Grundlegung der Welt hast du mich gekannt. Du hältst mich fest und bringst mich ans Ziel« (nach Ps. 139).

Nach biblischem Verständnis ist es das tiefe Bestreben des Menschen, sich diesem göttlichen Bild anzunähern. Im Schöpfungsbericht im Alten Testament heißt es: Gott hat den Menschen nach seinem Bild geschaffen (1. Mose 1). Aus eigener Kraft kann der Mensch niemals zu dieser gottgewollten Persönlichkeit werden. Weder durch das Fürwahrhalten und Praktizieren einer Religion noch durch mystische Übungen und höchst humanitäre Leistungen wird ein Mensch die Kluft zwischen Gott und uns Menschen überwinden können. Die durch den Sündenfall des Menschen (das »selber Gott sein wollen«) herbeigeführte Trennung von Gott hat Gott selbst durch seinen Sohn Jesus Christus wieder aufgehoben. Nur im persönlichen Glauben an die Erlösung durch Jesus, indem ich mein Leben der Person Jesus Christus anvertraue, kann ich zu mir selbst und zu Gott finden.

»Unruhig ist unser Herz, bis es ruht, Gott, in dir« (Augustinus).

Das Qualltätsmerkmal »gabenorientierte Mitarbeiterschaft« bezieht sich auf das wesentliche Grundbedürfnis des Menschen nach persönlicher Entfaltung und einem sinnvollen erfüllten Leben.

Wenn Gruppenmitglieder oder Sie als Gruppenleiter/in Ihr Christsein als bedrückend, einengend und belastend empfinden, kann es sein, daß Sie an falschen und/oder zu vielen Stellen »ja« gesagt haben. Nun steht Ihnen zu wenig Zeit und Kraft für Ihre eigentlich wichtigen, d. h. von Gott gewollten Aufgaben zur Verfügung.

Letztlich kann nur jemand selbst beurteilen, ob die ihm übertragenen Aufgaben seiner Persönlichkeit entsprechen oder nicht. Gott mutet Ihnen und mir diese Entscheidung über unsere Gaben mit allen Konsequenzen – auch des Irrens – zu. Andere Menschen können uns beraten, aber entscheiden und verantworten müssen wir unser Tun und Lassen alleine. Das ist Teil der Würde – manchmal auch Bürde – des Menschen.

Für die Gruppenleitung folgt aus dieser Sichtweise: Zwingen Sie niemals eine Aufgabe einem Gruppenmitglied auf und lassen Sie es nicht zu, daß die Gruppe ein Mitglied stark unter Druck setzt, eine bestimmte Verpflichtung zu übernehmen.

Liebevoll und damit richtig kann nur sein, wenn Sie als Gruppenleiter/in ein Mitglied bei der Entscheidungsfindung beraten und Ihre Hilfe und Begleitung bei der Erfüllung der Aufgabe anbieten.

Fragen

☞ Habe ich die Gabe der Gruppenleitung?

☞ Macht es mir Freude oder ist es mir mehr eine Qual? Wie denken die Gruppenmitglieder darüber?

☞ Inwieweit akzeptiere ich für mich und die Gruppe den Grundsatz: Erst die Gabe, dann die Aufgabe?

☞ Nach welchen Gesichtspunkten werden die Aufgaben in meiner Gruppe verteilt?
Sind es immer dieselben, die etwas tun? Wenn ja, was stimmt da nicht?

☞ Halte ich es aus, eine wichtige Aufgabe liegen zu lassen und nicht selbst zu übernehmen?

☞ Lasse ich mich schnell von »Sachzwängen« und »Notlagen« bestimmen?

☞ Neige ich dazu, bestimmten Menschen zuliebe oder vielleicht auch aus Menschenfurcht »ja« zu sagen, obwohl ich es eigentlich nicht wirklich will?
Wie kann ich mich davor schützen?

☞ Wie gut kenne ich die besonderen Fähigkeiten meiner Gruppenmitglieder?

(Schreiben Sie mindestens drei Gaben pro Mitglied auf! Sie können diese »Gabenerfassung« auch mit der Gruppe durchführen.)

Qualitätsmerkmal: Leidenschaftliche Spiritualität

Leben Christen ihren Glauben mit Hingabe, mit Elan, mit Feuer, sind Gebet, Bibellesen und die Zusammentreffen mit den Mitchristen in der Gemeinde von Begeisterung geprägt. Die ansteckende Wirkung auf andere Menschen bleibt dann nicht aus. Unabhängig von der Frömmigkeitsrichtung zeigte sich in der Studie ein besonders großer Unterschied in der Stärke der Begeisterung bei Mitgliedern wachsender Gemeinden und der relativ schwach ausgeprägten Begeisterung in schrumpfenden Gemeinden.

Wo Glaube nur als eine Art »Pflichterfüllung« und/oder als gute Tradition verstanden und gelebt wird, wird auf Sparflamme gekocht, die Freude am Christsein bleibt aus.

Chr. A. Schwarz: »Generell ist zu beobachten, daß in Gemeinden, in denen sich mehr oder minder starke ›gesetzliche Tendenzen‹ ausfindig machen lassen (Christsein als Übereinstimmung mit einer Lehre, einer Moral, einer bestimmten Mitgliedschaft etc.), die geistliche Leidenschaft unterdurchschnittlich entwickelt ist.«

Viele Beispiele zeigen, eine ausgeprägte »Rechtgläubigkeit« und »Bibeltreue« einer Gemeinde ist allein kein Wachstumsfaktor. Wo immer die ›Verteidigung von Rechtgläubigkeit‹ an die Stelle von konkreten Bemühungen um einen leidenschaftlich gelebten persönlichen Christusglauben tritt, bewegen wir uns auf dem Boden eines falschen theologischen Denkmodells. Auf einem derartigen (ideologischen) Boden kann maximal ein verkrampfter Fanatismus, kaum aber eine wirklich befreite, von Liebe geprägte Leidenschaft gedeihen.

Auf die Gruppe bezogen

Was oben für die Gemeinde festgestellt wurde, gilt hier in besonderer Weise auch für die einzelne Gruppe in der Gemeinde. Die leidenschaftliche Spiritualität der Gemeindeglieder wird bei den Zusammenkünften in den Gruppen konkret und von den Gästen sehr genau wahrgenommen. Sie merken schnell, was frommes Gehabe ist, was echt und wie wichtig den Gemeindegliedern ihr Glaube ist und wie sie ihren Glauben leben. Sind sie von Sorge erfüllt, nur ja nichts falsch zu machen und haben sie ständig Angst, ihr Seelenheil zu verlieren – oder vertrauen sie einem lebendigen Gott, der sie durch das Leben trägt, besser und liebevoller als Eltern es je tun könnten? Ist der Glaube für die Mitglieder nur ein Fürwahrhalten der Bibel und eine Anhäufung von Vorschriften, die möglichst genau eingehalten werden müssen, oder liegt der Schwerpunkt auf einer persönlichen Beziehung zu Jesus Christus und einer liebevollen Hinwendung zu den Mitmenschen?

Mitglieder wachsender Gruppen sind von ihrem Haus- oder Gesprächskreis begeistert. Sie freuen sich auf das nächste Treffen und laden gerne ihre Freunde und Bekannten dazu ein. Es ist ihnen keine lästige Pflichterfüllung oder zwanghafte Gewohnheit.

Schon nach kurzer Zeit spüren die Gäste in solchen Gruppen, hier sind die Teilnehmer von etwas begeistert, und sie engagieren sich für etwas, was sie froh macht und ihrem Leben Sinn und Erfüllung gibt.

Erkennen Gäste neben der Begeisterung der Gruppenmitglieder auch die praktische Lebensnähe des Glaubens, werden sie nach den Ursachen dafür fragen. Beschränkt sich die Leidenschaft von Gruppenmitgliedern auf die Heftigkeit des Disputs über den mehr oder weniger großen Wahrheitsgehalt einer Aussage, zanken sie sich heftig um die Frage nach dem richtigen Einhalten von bestimmten Vorschriften und Gesetzen, so wird ein Gast sich höchstens wundern über den Fanatismus der Beteiligten. Vermutlich wird der Gast eher abgeschreckt. Dazu bekommt er noch falsche, einseitige Informationen über den lebendigen Gott.

Fragen

☞ Wie äußert sich meine Begeisterung für Jesus Christus?

☞ Ist mein Glaube mehr ein Fürwahrhalten von biblischen Aussagen und Grundsätzen – oder ist mein Glaube mehr eine Liebesbeziehung zwischen Jesus und mir und zu meinen Mitmenschen?

☞ Wie kommt meine Begeisterung bei der Gruppe und bei Gästen an?

☞ Was begeistert die Gruppenmitglieder bei den Treffen?

☞ Worum geht es meistens, wenn die Diskussion in der Gruppe heiß wird?

Qualitätsmerkmal: Zweckmäßige Strukturen

In wachsenden Gemeinden werden fortlaufend die Strukturen, Organisationsformen, Aufgabenverteilungen, Zeitpläne, etc. auf ihre Zweckmäßigkeit hin überprüft. Je nachdem werden sie dann den veränderten Bedingungen angepaßt. Die selbstlähmenden Argumente: »Das haben wir schon immer so gemacht« oder »Das haben wir noch nie so gemacht« gelten nicht. Tradition ist kein Wert an sich, sondern wird hinterfragt. Es gibt in der Gemeinde keine »heiligen Kühe«, die nicht aus Liebe zu Gott und den Menschen geschlachtet werden dürften.

Chr. A. Schwarz: »Unsere Forschung konnte nun erstmals belegen, daß die Krankheitserscheinung des Traditionalismus, die in der Christenheit soweit verbreitet ist, in einem eminent negativen Zusammenhang sowohl zum Wachstum als auch zur Qualität einer Gemeinde steht« (S. 28). »Wer sich auf diesen Ansatz eingelassen hat, überprüft gemeindliche

Strukturen fortwährend daraufhin, inwieweit sie einer immer besseren Selbstorganisation des Organismus Gemeinde dienen. Was diesem Anspruch nicht gerecht wird (etwa entmündigende Leitungsstrukturen, unangemessene Gottesdienstzeiten, demotivierende Finanzkonzepte), wird geändert bzw. abgeschafft. Durch diesen fortwährenden Prozeß der strukturellen Selbsterneuerung werden traditionalistische Verkrustungserscheinungen weitgehend vermieden« (S. 29).

Auf die Gruppe bezogen

Dieses Wachstumsprinzip läßt sich direkt auf die Gruppe übertragen. Sowohl die Verhältnisse und Bedürfnisse der Gruppenteilnehmer als auch die gesellschaftlichen Rahmenbedingungen unterliegen einer ständigen Veränderung. Wenn die Strukturen der Gruppe ihren Sinn und Zweck nicht mehr erfüllen, werden sie den veränderten Bedingungen entsprechend angepaßt.

In bestimmten Abständen müssen alle Zielvorgaben, Strukturen, Gruppenregeln offen und ehrlich hinterfragt werden, ob sie noch zweckdienlich sind oder nur aus reiner Gewohnheit und Bequemlichkeit beibehalten werden.

Das gilt für die inneren Strukturen der Gruppe wie z. B. die Reihenfolge im Ablauf des Treffens, den zeitlichen Rahmen, die Themenauswahl, Verteilung der Aufgaben, usw.

Das gilt auch für die äußeren Strukturen, der Anbindung der Gruppen an die Gemeinde. Die einzelnen Gruppen und Kreise führen kein losgelöstes, selbständiges Dasein. In wachsenden Gemeinden sind alle Gruppen vernetzt. Jede Gruppe hat ihren Platz und ihre Aufgabe im Gemeindeleben. Ein Koordinator für die Gesprächsgruppen sorgt für den Informationsfluß und steht den Gruppenleiter/innen zur Seite. Mit ihnen trifft er/sie sich in bestimmten Abständen und sie führen unter anderem einen Strukturencheck durch. (Weiteres dazu im Kapitel 6.4)

Fragen

- ☞ Bin ich wirklich offen für Veränderungen?
- ☞ Blocke ich neue Vorschläge schnell ab oder höre ich zuerst einmal genau zu?
- ☞ Wann habe ich zuletzt neue Schritte gewagt?
- ☞ Wann habe ich der Gruppe in letzter Zeit Veränderungen zugemutet?
- ☞ Wo haben sich in den Strukturen meiner Gruppe Verkrustungen gebildet?
- ☞ Wo haben sich eventuell schlechte Gewohnheiten eingeschlichen?

Qualitätsmerkmal: Inspirierender Gottesdienst

Chr. A. Schwarz: »Wir können unsere Gottesdienste ganz auf Christen oder ganz auf Nichtchristen ausrichten, wir können sie in einer ›kanaanäischen‹ oder ›säkularen‹ Sprache feiern, wir können sie in liturgisch geordneter oder in freier Form zelebrieren – all das ist für den Gemeindeaufbau nicht entscheidend. Entscheidend ist ein anderes Kriterium: Ist der Besuch des Gottesdienstes für die Besucher eine ›inspirierende Erfahrung‹? ... Das Wort ›inspirieren‹ bedarf der Erläuterung. Es versteht sich im wörtlichen Sinne *inspiratio* und meint eine Inspiration, die von Gottes Geist kommt. Allerdings hat der Heilige Geist, wo er wirklich wirkt (und nicht nur als wirksam postuliert wird), konkrete Auswirkungen auf die Form der Gottesdienstgestaltung und natürlich auf die wahrnehmbare Atmosphäre. Es ist das übereinstimmende

Urteil der Besucher solcher Veranstaltungen, daß der Gottesdienstbesuch ›Spaß macht‹.« (S. 30/31).

Nicht eine angstmachende, niederdrückende Stimmung beherrscht die Gottesdienstbesucher, sondern eine vom Heiligen Geist gewirkte Fröhlichkeit erfüllt die Menschen. Sie erwarten etwas von ihrem Gott; sie erwarten, daß sich Gott ihnen in irgendeiner Form mitteilt. Sie machen positive inspirierende Erfahrungen. Die Gemeinschaft im Gottesdienst macht den Teilnehmern sichtbar, fühlbar und hörbar Freude. Die freundliche Begrüßung, der offene und herzliche Umgang miteinander, der geschmackvoll eingerichtete Raum, die durchdachte Moderation und verständliche Predigt, etc. tragen zu der angenehmen Atmosphäre bei.

Auf die Gruppe bezogen

Für die Mitglieder wachsender Gruppen bedeutet ihr Treffen mehr als eine spannende Talkshow oder interessante Diskussion. Die Insider glauben, erwarten, fühlen, erleben, daß bei ihren Zusammenkünften der Heilige Geist wirkt. Sie freuen sich darüber und gehen gespannt zu ihrem Treffen. Sie haben Erwartungen an Gott. Sie erwarten und beten darum, daß Gott ihnen durch sein Wort, durch Denkanstöße, durch das Reden und Tun der anderen Teilnehmer begegnet, sie neue Erkenntnisse über Gott und sich gewinnen.

Für das Wachstum der Gruppe und der einzelnen Teilnehmer ist dabei nicht vordringlich entscheidend, wie die Gruppe zusammengesetzt ist, in welcher Reihenfolge und wie der Ablauf gestaltet wird, wieviel und was gesungen wird, ob laut, leise oder wie lange gebetet wird; all diese Dinge sind wichtig, sie müssen überlegt und geplant werden, aber für das innere und äußere Wachstum der Gruppe ist entscheidend, ob die Teilnehmer inspirierende positive Erfahrungen machen. Das Treffen als eine angenehme Veranstaltung zu erleben, reicht nicht aus; auch eine heiße spannende Diskussion mag zwar dafür der Grund sein, daß die Teilnehmer wiederkommen und neue Gäste mitbringen, aber innerlich wachsen können sie nur, wenn sie Gott begegnen und sie sich darauf einlassen.

Fragen

☞ Was waren meine geistlichen Erkenntnisse der letzten Gruppentreffen?

☞ Was unterscheidet meine Gruppe von einer Selbsterfahrungsgruppe bei der Volkshochschule?

☞ Was ist den Gruppenmitgliedern wichtig bei unseren Treffen?

Qualitätsmerkmal: Ganzheitliche Kleingruppen

Wie schon am Beginn des Kapitels 1.2 kurz beschrieben, kommt dem Qualitätsmerkmal »Ganzheitliche Kleingruppen« unter den insgesamt acht Merkmalen eine besondere Bedeutung für das Wachstum einer Gemeinde zu. Die Mitglieder einer wachsenden Gemeinde haben alle eine Gruppe, in der sie sich über persönliche Probleme austauschen können. Je größer eine Gemeinde wird, desto wichtiger wird das Kleingruppenprinzip. Ganzheitlich bedeutet hier in diesem Zusammenhang:

In den Gruppen geht es um die ganze Person mit allen ihren Sinnen, Gefühlen, Bedürfnissen, Interessen; es geht immer um Kopf und Bauch! Es geht immer um das Ganze! Nicht nur auf alle persönlichen Lebensbereiche der Gruppenmitglieder bezogen, sondern auch auf die Gemeinde, Gesellschaft, Staat und Umwelt. Bei den Treffen stehen nicht theoretische, akademische Diskussionen über biblische und ethische Lehr- und Verständnisfragen im Vordergrund. Es wird vielmehr versucht, zwischen den biblischen Aussagen und dem Lebensalltag der anwesenden Teilnehmer einen realen Bezug herzustellen und Wege der praktischen Umsetzung zu finden.

Die Gruppenmitglieder kommen nicht nur zu dem offiziellen gemeinsamen Treffen zusammen, sie pflegen darüber hinaus auch untereinander private Kontakte. Sie feiern und trauern miteinander; sie helfen und unterstützen sich gegenseitig in allen Situationen wie z. B. bei Krankheit, familiären Problemen, ... wo immer Hilfe gebraucht wird.

Die Kleingruppen sind die Träger des Gemeindewachstums: Durch die Multiplikation der Gruppen entsteht Wachstum. Die »Zellteilung« ist das erklärte Ziel der wachsenden Kleingruppe.

Verliert eine Gruppe dieses Ziel aus dem Auge, geht auch der ganzheitliche Charakter dieser Gruppe verloren. Zur Ganzheitlichkeit gehört auch immer die persönliche Weiterentwicklung der Teilnehmer, dazu ist aber ein ständiges Geben und Nehmen von Informationen, neuen Erkenntnissen und viel zwischenmenschliche Nähe (Reibung, Wärme) nötig. Schottet sich eine Gruppe auf Dauer ab, dreht sie sich nur noch um sich selbst und schmort im eigenen Saft. Der Bezug zur Gemeinde und den Mitmenschen stirbt ab. Wo soll neues Leben, frischer Wind herkommen? Neue Teilnehmer stellen immer eine Herausforderung für die Alteingesessenen dar.

Hinter dem ganzheitlichen Prinzip steht die Überzeugung:

Der christliche Glaube schließt alle persönlichen und gesellschaftlichen Bereiche mit ein. Wird ein Bereich ausgelassen oder überbetont, geht das an der Gottesoffenbarung in der Bibel vorbei und ist Menschenwerk!

Die ganzheitliche Kleingruppe ist ein Knotenpunkt in einem Netzwerk, in dem der christliche Glaube in konzentrierter Form bewußt gelebt wird, wachsen und weitergegeben werden kann.

Fragen

☞ Inwieweit verfolge ich und die Gruppe den ganzheitlichen Ansatz?

☞ Neige ich dazu bestimmte Anteile der Persönlichkeit (Kopf-Bauch) überzubetonen bzw. zu vernachlässigen?

☞ Empfindet sich meine Gruppe als ein Knotenpunkt in einem Netzwerk?

☞ Wo geht der gesellschaftliche Bezug meiner Gruppe über das Schimpfen und Klagen über die böse Welt hinaus?

☞ Welche Initiativen und Personen unterstützen wir und wo bringen wir uns aktiv ein?

Qualitätsmerkmal: Bedürfnisorientierte Evangelisation

Der Spruch »Jeder Christ ein Evangelist!« hört sich stark an, stimmt aber so nicht. Jeder Christ soll seinen Glauben bekennen und anderen die gute Nachricht weitersagen. Nicht jeder Christ hat aber deshalb automatisch die Gabe der Evangelisation! Nicht jeder Christ hat das Talent, sich öffentlich zu präsentieren und vor einer Menge von Menschen offensiv werbend für den Glauben einzutreten. Nicht jeder Christ kann predigen und »wildfremde Leute« auf den Glauben hin ansprechen.

Chr. A. Schwarz: »Ein Evangelist ist nur derjenige, dem Gott auch die entsprechende geistliche Gabe gegeben hat« (S. 34). Verschiedene Untersuchungen bestätigen, daß dies für etwa zehn Prozent der Christen zutrifft.

Sie gilt es unter den Gemeindegliedern zu erkennen, zu fördern und Bedingungen zu schaffen, daß die Evangelisten ihre Gabe optimal einsetzen können.

»Aufgabe jedes Christen ist es indessen, den Nichtchristen, zu denen er eine gute persönliche Beziehung hat, mit seiner jeweiligen Gabe zu dienen, und dafür zu sorgen, daß diese Person mit der Gemeinde in Kontakt kommt und das Evangelium hört. Schlüssel für den Gemeindeaufbau ist, daß die Gemeinde ihre evangelistischen Angebote ganz auf die Fragen und Bedürfnisse der Nichtchristen einstellt« (S. 35).

Auf die Gruppe bezogen

Hat ein Gruppenmitglied die Gabe der Evangelisation, stützt und trägt die Gruppe ihn durch Gebet, Rat, Mutmachen, Trost und bei praktischen Dingen: z. B. einen Büchertisch in der Fußgängerzone aufbauen und Material verteilen.

In einer wachsenden Gruppe geschieht Evangelisation »nebenbei«. Über aktuelle Gesprächsthemen, die angenehme Atmosphäre bei den Treffen und dem Angebot praktischer Hilfe wirkt die Gruppe attraktiv nach außen. Immer wieder werden bewußt wichtige Fragen thematisiert, die auch die Freunde und Bekannten der Gruppenmitglieder bewegen. Zu einem Gartenfest oder zu anderen Anlässen werden nicht nur die Insider eingeladen, sondern die Gruppenmitglieder »dürfen« auch Gäste mitbringen. Einige Gruppenteilnehmer helfen einem Bekannten eines Gruppenmitgliedes beim Umzug. Die Gruppenmitglieder sind offen für die Menschen in ihrer Umgebung. Wenn Hilfe gebraucht wird, und sie allein nicht ausreichend helfen können oder wollen, schalten sie andere aus der Gruppe mit ein.

Indem die Gruppe von den Bedürfnissen, Fragen und Problemen ihrer Freunde und Bekannten her denkt und ihr Programm gestaltet, bereitet sie gute Rahmenbedingungen, bei denen sich Gäste für den Glauben öffnen können.

Dennoch dürfen wir nie vergessen, der Glaube an Jesus Christus, das Reden vom Kreuz und der Auferstehung sind und werden immer ein »Ärgernis« für viele Menschen bleiben. Wenn unsere Gäste Jesus nicht mehr als Stein des Anstoßes empfinden, müssen wir uns ernsthaft fragen, ob wir das Ärgernis (die Erkenntnis: Ich bin ein Sünder und brauche die Erlösung) nicht zu »liebevoll« verpackt bzw. versteckt haben.

Fragen

☞ Hat in meiner Gruppe ein Mitglied die besondere Gabe der Evangelisation?

☞ Wenn ja, wie können wir sie/ihn ermutigen und unterstützen, die Gabe auch einzubringen?

☞ Bin ich, sind wir als Gruppe, offen für Nichtchristen?

☞ Wann war der letzte Gast in unserer Gruppe, der sich in die Entscheidung für oder gegen den Glauben an Jesus gestellt sah?

☞ Inwieweit gehen wir mit der Themenwahl unserer Gespräche auf die Interessen von Nichtchristen ein?

☞ Laden die Gruppenmitglieder Freunde, Bekannte und Kollegen zu den Treffen ein?

Qualitätsmerkmal: Liebevolle Beziehungen

Zwischen der Liebesfähigkeit und dem Wachstumspotential einer Gemeinde besteht ein sehr enger Zusammenhang. Das ging aus der Studie besonders eindrücklich hervor.

Chr. A. Schwarz: »Wachsende Gemeinden haben im Durchschnitt einen meßbar höheren ›Liebesquotienten‹ als stagnierende und schrumpfende. Um diesen ›Liebesquotienten‹ zu erheben, fragten wir u. a. danach, wieviel Zeit die Gemeindeglieder außerhalb gemeindlicher Veranstaltungen mit anderen Christen verbringen ... wie oft sie sich untereinander zum Essen oder Kaffeetrinken einladen ... wie großzügig in der Gemeinde mit Komplimenten umgegangen wird ... inwieweit dem Pastor die persönlichen Probleme seiner Mitarbeiter bekannt sind, wieviel in der Gemeinde gelacht wird, etc.« (S. 36).

»Glaubwürdig gelebte Liebe verleiht einer Gemeinde eine sehr viel größere – da gottgewirkte – Ausstrahlungskraft als evangelistische Programme, die ausschließlich auf verbale Mittel setzen. Menschen wollen nicht Vorträge über Liebe hören, sie wollen erleben, wie sich christliche Liebe im Alltag auswirkt.« (S. 36).

Auf die Gruppe bezogen

Die ganzheitlichen Kleingruppen sind der Ort in der Gemeinde, wo dieses Qualitätsmerkmal – liebevolle Beziehungen – besonders konkret und umfassend gelebt und erlebt werden kann. Bei den Treffen wachsender Gruppen geht es nicht nur um die Weitergabe von Glaubensinhalten und Bekenntnissen sondern auch intensiv um den Aufbau und die Pflege von Beziehungen:

Beziehungen zwischen den Menschen und ihre Beziehung zu Gott.

Das tragende Moment dabei ist die Liebe.

Im Hohenlied der Liebe (1. Kor. 13) faßt Paulus diese Gedanken in großartiger Weise zusammen:

»Wenn ich mit Menschen- und mit Engelszungen redete und hätte die Liebe nicht, so wäre ich ein tönendes Erz oder eine klingende Schelle.«

Fragen

☞ Verstehen die Teilnehmer meiner Gruppe mein Tun und Lassen als von der Liebe getrieben oder welche Motive »fühlen« sie bei mir?

☞ Wie pflegen wir als Gruppe unsere Beziehung zu Gott?

☞ Wie pflegen wir Gruppenmitglieder unsere Beziehungen untereinander?

☞ Wie empfinden sich unsere Gäste in der Gruppe?

☞ Fühlen sie sich als störende Außenseiter, als »Missionsopfer«, als fehl am Platze, als freundlich aufgenommene willkommene Gäste?

1.3 Der Weg ist das Ziel – Zusammenfassung

Wie die Wachstumsprinzipien in den Gesprächsgruppen in die Tat umgesetzt werden können, wird in den kommenden Kapiteln erarbeitet. Die bisher gestellten Fragen werden direkt oder indirekt beantwortet.

Es ist kaum vorstellbar, daß eine Gruppe nicht nach innen und außen wächst, wenn alle die beschriebenen Prinzipien wirklich intensiv gelebt werden. Hier sind sie noch einmal zusammengefaßt:

- Die Gruppenleiter/innen ziehen neue Leiter/innen heran und bereiten die Teilung der Gruppe vor.

- Die Gruppenmitglieder erkennen ihre Gaben, sie setzen ihre Fähigkeiten engagiert ein, sie lernen dazu und wachsen mit ihren Aufgaben.

- Die Mitglieder sind begeistert von Jesus Christus, von ihrer Gruppe und ihrer Gemeinde.

- Die Gruppe ist bereit neue Wege zu gehen und beugt Verkrustungen in den Strukturen vor.

- Die Teilnehmer/innen gewinnen neue geistliche Erkenntnisse über Gottes Wesen und erleben Gottes Handeln.

- Den Gruppenmitgliedern geht es immer um das Ganze: Es geht immer um die ganze Person mit allen Sinnen, Gefühlen, mit dem Verstand, den Bedürfnissen und Interessen bezogen auf alle Lebensbereiche.

- Es geht immer um die ganze Gemeinde. Die Gruppe ist kein Elitezirkel weniger Superchristen. Die Gruppe versteht sich als Teil eines großen Netzwerkes.

- Es geht immer um die ganze Bibel. Teilaspekte werden nicht überbetont, sondern immer in Beziehung zum Ganzen gesetzt.

- Die Gruppe ist offen für neue Teilnehmer und heißt Gäste herzlich willkommen.

- Das Reden, Tun und Lassen aller Gruppenmitglieder ist geprägt von der Liebe zu Gott und den Mitmenschen.

Der Weg ist das Ziel! Wenn dieser Spruch Sinn macht, dann in besonderer Weise für uns Christen.

Jesus sagt von sich:

»Ich bin der Weg und die Wahrheit und das Leben; niemand kommt zum Vater denn durch mich« (Joh. 14,6).

Wenn wir auf dem Weg mit Jesus sind, wenn wir eine persönliche Glaubensbeziehung zu Jesus haben, so sind wir eigentlich schon am Ziel. Mehr ist zu Lebzeiten nicht möglich!

Die Gewißheit am Ziel zu sein, vermittelt uns inneren Frieden und Geborgenheit, Glück (Shalom). Dies findet seinen realen Niederschlag in der ganzheitlichen Kleingruppe: Die Teilnehmer sollen, dürfen, können sich in der Gruppe richtig wohl und geborgen fühlen. Die Gemeinde Jesu ist der einzige Ort auf der Welt, wo ein Stückchen vom Himmel erfahren werden kann.

Die Gewißheit, noch auf dem Weg zu sein, erfahren wir ständig durch unsere Unvollkommenheit, durch Leid und Angst, durch Haß und Streit in unserem Alltag und in der Welt. Diese schmerzliche Lebenserfahrung bewahrt uns auch in der Gruppe vor Überheblichkeit und erinnert uns immer daran:

Wir leben allein von der Liebe und Gnade Gottes.

Diese Liebe und Gnade ist es, die uns ans Ziel bringt! Diese Erkenntnis der eigenen Unzulänglichkeit verhindert die Selbstüberschätzung der eigenen Person anderen Menschen gegenüber.

Die Gruppenmitglieder wissen um die Vorläufigkeit ihrer Erkenntnisse und Erfahrungen. Das hilft im Umgang miteinander in der Gruppe. Jeder ist der Diener des anderen!

»Einer komme dem anderen in Ehrerbietung zuvor!« (Röm. 12,10).

Eine »Hackordnung« gibt es in der christlichen Gemeinde eigentlich nicht!

Der Weg ist das Ziel! Jesus war dieser scheinbare Widerspruch, in dem seine Leute leben, durchaus bewußt. In seinen Abschiedsreden sagt er: »In der Welt habt ihr Angst, aber seid getrost, ich habe die Welt überwunden« (Joh. 16, 33).

Als Gruppenleiter arbeiten wir aktiv gestalterisch mit am Bau des Reiches Gottes hier auf der Erde. Meine Haltung, meine Art und Weise wie ich die Leitungsaufgabe wahrnehme, ist von großer Wichtigkeit für die Mitglieder und Gäste der Gruppe. Wir werden von den Teilnehmern der Treffen genau beobachtet. Das Bild, das sich bei den Beobachtern von mir entwickelt, hat immer Vorbildcharakter. Darin liegt eine besondere Verantwortung aller Gruppenleiter/innen für die Gruppenteilnehmer. Diese Vorbildrolle ist aber auch ein entscheidend wichtiges Mittel, Jesu Gesinnung in Wort und Tat glaubwürdig sichtbar und fühlbar zu machen

2 Die Persönlichkeit eines Gruppenleiters

2.1 Stärken und Schwächen

In meiner Befragung von Gruppenleiter/innen habe ich auch folgende Frage gestellt:

»Welche Fähigkeiten haben Ihrem Verständnis nach ideale Gruppenleiter/innen?«

Die häufigsten Antworten lassen sich so zusammenfassen:

- Vorbildhafte christliche und menschliche Persönlichkeit: echt, glaubwürdig, charakterstark, selbstkritisch, demütig und selbstbewußt, gefestigte Persönlichkeit, Autorität, fester Glaube, große Bibelkenntnis, Sachkompetenz, starker Beter, erfahrener Seelsorger

- Große Menschenkenntnis:
  Sie können die Bedürfnisse des einzelnen und die der Gruppe erkennen und darauf entsprechend eingehen.

- Sie führen, ohne zu dominieren. Sie praktizieren einen partnerschaftlichen Führungsstil. Sie sind teamfähig.

- Sie bringen den Teilnehmern ein hohes Maß an Wertschätzung entgegen.

- Sie vermitteln Geborgenheit, Sicherheit und schaffen eine vertrauensvolle Atmosphäre.

- Sie sind perfekte Gesprächsleiter/innen.

- Sie können die Teilnehmer/innen motivieren, ihnen Mut machen. Sie können die Gruppe aktivieren.

Wo die Stärken der idealen Gruppenleiter/innen liegen, sind entsprechend auch die Schwächen zu finden.

Umfrage:
»Gemessen am Ideal, wo haben die Gruppenleiter/innen die größten Schwächen?«

- Sie suchen persönliche Anerkennung, Ehre, Macht.
- Sie bringen den einzelnen Teilnehmern nicht genügend Wertschätzung entgegen.
- Sie sind intolerant, entwickeln Antipathien, nehmen einzelne nicht ernst genug.
- Sie haben Mängel in der Gesprächsführung.
- Sie können die Teilnehmer nicht ausreichend motivieren und zeigen nicht genügend Führungsstärke.

Der ideale Gruppenleiter könnte so sein:
Gruppenleiter/innen sind starke Persönlichkeiten. Sie sind bereit, Verantwortung für andere zu übernehmen.
Sie sollten ihre Stärken, Schwächen und Vorlieben kennen. Sie wissen um ihre »Machtgelüste« und ihr Streben nach Einflußnahme. Ihrem Verlangen nach Ehre, Anerkennung und Erfolg steht eine Haltung der Demut und Bereitschaft zum Dienen entgegen.
Ihre Empfindungen den Gruppenmitgliedern gegenüber sind von Wärme, Fürsorglichkeit, Zuneigung, Interesse, Respekt und hoher Wertschätzung geprägt.
Ihr Leitungsstil ist partnerschaftlich.
Sie stärken die Selbstverantwortlichkeit der einzelnen Teilnehmer/innen. Durch Teilen der Verantwortlichkeiten, durch Delegieren von Aufgaben, Ermutigen und Heranziehen von Mitarbeiter/innen und Coleiter/innen fördern und fordern

sie die Gruppenmitglieder. Partnerschaftlich orientierte Leiter/innen wollen keine Anhänger, die von ihnen abhängig sind. Anhänger sind für sie eher eine Belastung; häufig scheuen diese vor Verantwortung zurück und neigen schnell zu einer Konsumentenhaltung.
Der Gruppenleiter ist selbstsicher; er ist sich selbst bewußt.
Er fühlt sich sicher genug, einzelne Gruppenmitglieder auch anders sein zu lassen, ohne sie auszugrenzen oder sie unbedingt anpassen zu müssen.
Er ist auch stark genug, um sich selbst nicht anpassen zu müssen und Teilnehmern nach dem Mund zu reden.
Er ist Mann genug, das in Liebe zu sagen, was er wirklich meint.
Er respektiert auch seine eigenen Gedanken und Gefühle und bringt diese entsprechend auch zum Ausdruck.

Für mich als Gruppenleiter und für mein Auftreten in der Gruppe ist es von größter Bedeutung, wie fest ich den Grund empfinde, auf dem ich stehe:

Fühle ich mich sicher und standfest, kann ich mich auf andere in der Gruppe wirklich einlassen. Bin ich unsicher, dann fühle ich mich schwach, unterlegen, verängstigt; folglich baue ich Mauern um mich auf, blocke »Angriffe« ab, und es kommt unweigerlich zu Beziehungsproblemen.

Mir persönlich ist es immer wieder eine tiefe Freude und gerade in Spannungszeiten ein starker Trost, wenn ich mich auf mein Lebensfundament besinne:

»Der Herr ist mein Fels und meine Burg und mein Erretter. Gott ist mein Hort, auf den ich traue, mein Schild und Berg meines Heils, mein Schutz und meine Zuflucht, mein Heiland, der du mir hilfst vor Gewalt. Ich rufe an den Herrn, den Hochgelobten, so werde ich vor meinen Feinden errettet« (2. Sam. 22, 2-4).

Die schlimmsten und gefährlichsten »Feinde« finde ich in mir selbst. Negative Gedanken, Gefühle und Einstellungen wollen mich einengen und niederdrücken. Ihnen »schleudere« ich diese Bibelverse und meine positiven Erfahrungen damit entgegen. So werde ich wieder heil und kann meine Arbeit als Gruppenleiter frei und unbelastet tun.

Gruppenleiter/innen können ihre Aufgabe nur dann »erfolgreich« erfüllen, wenn sie sich mit ihrer Gemeinde identifizieren, die Eigenheiten ihrer Gemeinde akzeptieren und mit den anderen Gliedern weiter Gemeinde bauen wollen. In den wesentlichen Grundsatzfragen müssen die Gruppenleiter/innen mit der Gemeindeleitung und der Ausrichtung der Gemeinde übereinstimmen, so z. B.: Gemeinde- und Bibelverständnis, Abendmahl, Taufe, Evangelisation ... Sind die Gegensätze nicht überbrückbar und für einzelne Gruppenleiter/innen nicht in Frieden aushaltbar, so vermute ich, bleibt nur ein Gemeindewechsel als Notlösung übrig. Die innere Emigration oder die Flucht in einen »Hauskreis der Unzufriedenen« hilft weder den Betroffenen noch der Gemeinde. Sie werden vermutlich unzufrieden und verbittert; die Freude an ihren Glaubensleben wird schwinden.

Zusammenfassung

Es sind eine Vielzahl von Fähigkeiten und Charaktereigenschaften, die gute Gruppenleiter/innen ausmachen. Was ihn aus der Masse heraushebt, ist die Bereitschaft, Verantwortung für eine Gruppe Menschen zu übernehmen und ein überdurchschnittliches Maß an emotionaler Intelligenz (Herzensbildung):

- Er kennt sich selbst. Er ist sich seiner selbst bewußt.

- Er kann mit seinen Gefühlen umgehen und bleibt auch in Streßsituationen gelassen.

- Er ist in der Lage einen Konflikt auszuhalten und konstruktiv zu lösen.

- Er verfolgt auch unter Druck die gesteckten Ziele und gibt nicht so schnell auf.

- Er verfügt über ein starkes Maß an Einfühlungsvermögen (Empathie) in andere Menschen.

- Er bringt den Gruppenmitgliedern viel Wertschätzung entgegen und kann dies auch angemessen ausdrücken.

- Er kann Menschen Mut machen und sie motivieren, neue Wege zu wagen.

- Er ist echt. Er ist glaubwürdig; Reden und Tun stimmen überein.

- Er betrachtet seine Umwelt und die Mitmenschen nicht wie ein Zuschauer, sondern hat Freude daran, gemeinsam mit anderen das Leben zu gestalten.

- Er ist in die Gemeinde eingebunden und hat ein gutes Verhältnis zur Gemeindeleitung.

- Er möchte sein Christsein mit anderen leben und weitergeben.

Fragen

☛ Meinem Verständnis nach haben ideale Gruppenleiter/innen folgende Fähigkeiten:

☞ Gemessen am Ideal haben Gruppenleiter/innen häufig folgende Schwächen:

☞ Meine Stärken:

☞ Meine Schwächen:

☞ Was ist das Fundament für meine Arbeit als Gruppenleiter/in?

☞ Wie beurteile ich mein Verhältnis zur Gemeinde und zur Gemeindeleitung?

2.2 »So bin ich nun einmal!« – »So will ich werden!«

Emotionen und Einstellungen selbst bestimmen!

Die in 2.1 genannten Fähigkeiten und Eigenschaften von Gruppenleiter/innen sind weitgehend das Ergebnis von Lernprozessen im Leben des einzelnen Menschen. Das bedeutet für uns: Wir können daran arbeiten, dazulernen und uns entsprechend unserem Wollen verändern. Wir sind unseren Emotionen und Einstellungen nicht einfach ausgeliefert. Wir sind in der Lage, unsere Stärken auszubauen, unsere Schwächen zu überwinden. Neue Verhaltensweisen können wir einüben.

Ob und wie stark wir unseren Mitmenschen zugewandt sind, liegt in unserer persönlichen Entscheidung.

»Liebe deinen Nächsten wie dich selbst!« Dieses Gebot ist eine Anfrage an unseren Willen wie an unser Gefühl (Herz, emotionale Intelligenz). Das gilt entsprechend auch für die »Feindesliebe«. Ich werde meinen »Feind« nie lieben können, wenn ich dazu nicht willentlich *und* von Herzen bereit bin. Ich kann einem mir nicht genehmen Menschen niemals wirklich liebevoll begegnen, wenn ich meine innerlichen Vorbehalte nicht loslasse.

»So bin ich halt, ich kann nun mal Besserwisser, Nörgler, Scheinheilige, Miesepeter, Vielschwätzer, Superfromme, usw. nicht leiden!« Bei dieser Einstellung muß ich nicht stehen bleiben. Wenn ich wirklich will, kann ich meine Gefühlsregungen stark beeinflussen und mittelfristig verändern. Jesus kann und will mich von negativen Gefühlen mir selbst und anderen Menschen gegenüber erlösen. Wenn wir ihn ernsthaft darum bitten und zu Verhaltensänderungen bereit sind, wird er es tun.

Für diesen lebenslangen Lernprozeß – Jesus ähnlicher zu werden – ist die Kleingruppe das ideale Übungsfeld.

Wir Gruppenleiter/innen sind hier für die Teilnehmer/innen in unseren Gruppen Vorbilder. Was wir emotional hinüberbringen ist dabei meist noch viel prägsamer für die Gruppe als das, was wir inhaltlich sagen. Wie wir den Gruppenmitgliedern begegnen, wie wir über nicht anwesende Personen reden, wie wir heikle Themen und Konflikte angehen, das bestimmt nicht nur die augenblickliche Atmosphäre in der Gruppe, sondern hat Langzeitwirkung. Unsere Art des Verhaltens, wie wir unser Christsein leben, ist mitverantwortlich für das Jesusbild, was die Teilnehmer/innen in unseren Gruppen mit der Zeit gewinnen.

Unsere Vorbildrolle als Gruppenleiter/in besteht, Gott sei Dank, nicht darin, möglichst viele Vorschriften einzuhalten, auf möglichst viele schöne Dinge zu verzichten oder über besonders viel Bibelwissen zu verfügen; unsere Vorbildrolle besteht vielmehr darin, wie wir unsere Glaubensbeziehung zu Jesus gestalten, wie wichtig uns Jesus ist, wie wir seine Liebe zu uns erwidern und weitergeben.

Fragen

- ☞ Bin ich wirklich bereit, »Schwächen« loszulassen und daran zu arbeiten?
- ☞ Wo stimmen bei mir Denken, Wollen und Fühlen nicht überein?
- ☞ Welche Gefühlsregungen will ich bei mir verändern?
- ☞ In welchen Situationen bin ich für negative Gedanken besonders anfällig?
- ☞ Welches Jesus- und Gottesbild vermittele ich?

2.3 Sich-selbstbewußt werden – selbstsicher werden

Minderwertigkeitsgefühle abbauen

2.3.1 Ein Teufelskreis – Die Minderwertigkeitsspirale

Wie ich schon in Kapitel 2.1 begonnen habe aufzuzeigen, ist die Art meiner Beziehung zu mir selbst und zu den Mitmenschen für die Stärke meiner Selbstsicherheit und meines Selbstwertgefühls von entscheidender Bedeutung. Je mehr ich mich als Christ und Kind Gottes wertgeschätzt weiß, je stärker ich mich von Gott und Menschen geliebt und getragen erlebe, desto offener kann ich auf andere Menschen zugehen und liebevolle Beziehungen anbieten und aufbauen. Ein Hauptstörenfried dabei sind unsere Minderwertigkeitsgefühle. Sie beeinträchtigen durch Zweifel, Mißtrauen und Selbstanklagen unsere Beziehung zu Gott und den Mitmenschen. Wer sich als minderwertig empfindet, ist stark auf sich selbst fixiert; er bleibt bei sich und wendet sich nicht Gott zu. Er erlebt den Mitmenschen eher als Feind. Er sieht sich nicht als ein vollwertiges Geschöpf Gottes. Da selbstunsichere Menschen meist ihre Gefühle und Meinungen nicht äußern und sie sich hinter Mauern verschanzen, fühlen sich andere Menschen in ihrer Gegenwart häufig nicht wohl. Folglich wird der Unsichere gemieden und ausgegrenzt. Das wiederum bestätigt den Unsicheren in seiner negativen Selbsteinschätzung:

Ich bin nichts wert, die anderen mögen mich nicht.

Negative Gedanken produzieren immer wieder neue – meist noch selbstzerstörerische- Gedanken und Gefühle. Es ist im wahrsten Sinne ein Teufelskreis; richtiger noch eine Teufelsspirale, da der Kreislauf an Tempo und Dramatik ständig zunimmt.

Punktuelle Konflikte mit unserem Selbstwertgefühl haben wir Menschen lebenslänglich, sie gehören zu unserem Alltag. Wir brauchen diese Krisen zur Selbstklärung und Weiterentwicklung. Bekämpfe ich ein Minderwertigkeitsgefühl nicht und lasse ihm freien Lauf, kann es wie ein schlimmes Krebsgeschwür wachsen und überall Metastasen bilden; diese rauben mir dann nach und nach die Lebensfreude und mein Gottvertrauen.

Selbstunsicherheit und Minderwertigkeitsgefühle wirken sich auf den ganzen Menschen aus:

Körper:
Kopfschmerzen, Herz- und Magenbeschwerden, Muskelverspannungen, Schweißausbruch, feuchte Hände, weiche Knie, trockene Zunge ...

Gedanken:
Negative-destruktive-grüblerische Gedanken, Selbstzweifel, Zweifel an Gottes Zusagen, Unterwürfigkeit, Anpassung, Leistungsdenken, Abschieben von Verantwortung, Suchen von Sündenböcken, Schwarz-Weiß-Denken ...

Gefühle:
Mißtrauen Gott, den Mitmenschen und sich selbst gegenüber, Angst, Hilflosigkeit, Ohnmacht, Wut, Ärger, Unfrieden, Nervosität, falsche Schuldgefühle ...

Am Beispiel eines selbstunsicheren Gruppenleiters will ich diesen Teufelskreis darstellen:

Ein von Minderwertigkeitskomplexen geplagter Gruppenleiter wird von einigen Gruppenmitgliedern kritisiert, er würde sie nicht genügend beachten und andere bevorzugen. Hierdurch fühlt er sich massiv persönlich angegriffen und verletzt. Er findet nicht die Kraft und den Mut, die Vorwürfe ernsthaft zu prüfen und mit den Kritikern gemeinsam nach Verbesserungsmöglichkeiten zu suchen. Er verharrt in Selbstvorwürfen, blockt ab und sucht »Schuldige«. Der Teufelskreis der negativen-destruktiven Gedanken beginnt sich zu drehen. Die Minderwertigkeitsgefühle des Gruppenleiters nehmen zu. Die Beziehungsstörungen und Konflikte in der Gruppe vervielfachen sich. Der Gruppenleiter wird sich in seinen pessimistischen Erwartungen und negativen Prophezeiungen bestätigt fühlen. Irgendwann wird er resigniert aufgeben. Wenn er »Glück« hat, kommt es vorher zum großen Knall in der Gruppe, und er muß sich stellen. Bestenfalls wirkt diese »Grundsatzaussprache« wie ein klärendes Gewitter, und eine Art Neubeginn wird möglich. Schlimmstenfalls legt der Gruppenleiter sein Amt nieder und verläßt verbittert und gefrustet die Gruppe, vielleicht sogar die Gemeinde. Der Teufel als Durcheinanderbringer hat wieder ein Teilziel erreicht.

Der Teufelskreis der negativen-destruktiven Gedanken:

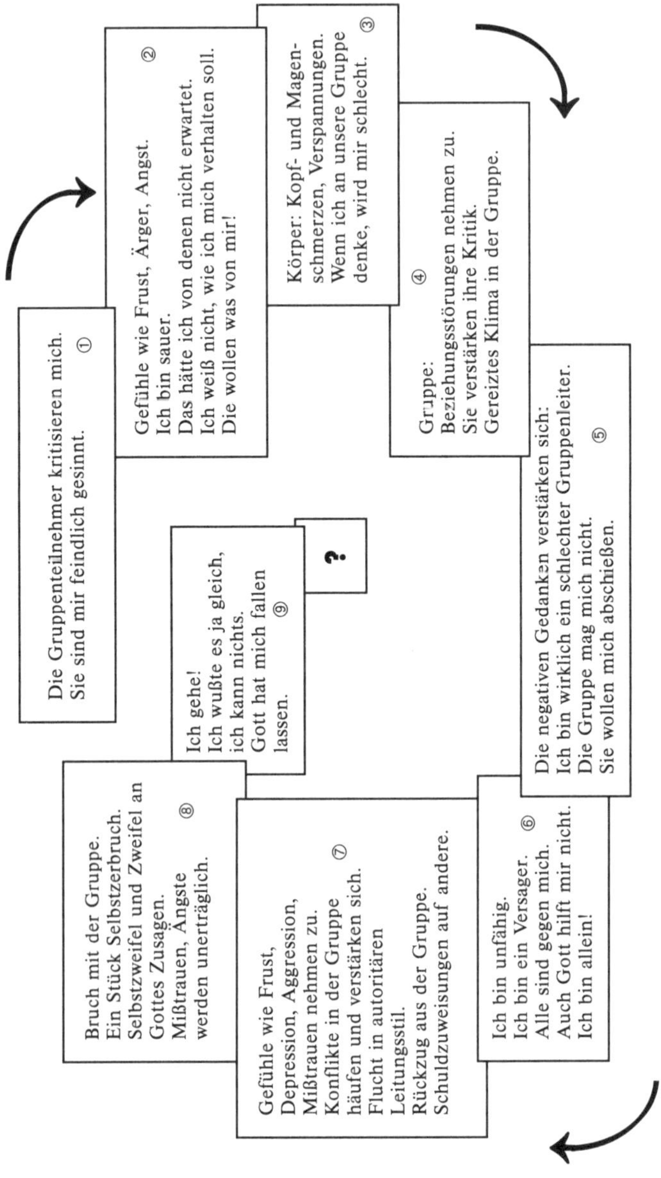

2.3.2 Sich-selbstbewußt werden – Selbstsicher werden

Dem zunehmenden Sog der destruktiven Gedanken und Minderwertigkeitsgefühlen kann ich nur entkommen, wenn ich mich ganz auf die Seite Gottes stelle und den negativen Einflüssen positive entgegensetze. Minderwertigkeitskomplexe kann ich nur durch Gefühle und Gedanken der Anerkennung, Selbstachtung und entsprechenden guten Erfahrungen im Alltag überwinden. Wie so ein Heilungsprozeß verlaufen kann, stelle ich in geraffter Form nun dar:

Die einzelnen Schritte gehen ineinander über, manchmal laufen sie auch gleichzeitig nebeneinander. Es ist ein lebenslänglicher Prozeß, den wir manchmal sehr intensiv erleben, und bei dem wir gelegentlich auch lange auf Veränderung zum Besseren warten müssen.

Wichtig erscheint mir: Ich muß mir möglichst klar darüber werden, was mich eigentlich bedrückt:

Welche Konflikte, welche Erwartungen, welche Sorgen, welche Gedanken, welche Ängste, welche Personen, welche Situationen lösen die Gefühle der Minderwertigkeit bei mir aus?

Sehr hilfreich und effektiv ist es, wenn ich diese Erkenntnisse dann schriftlich festhalte. Es ist eine uralte Erfahrung:

Was ich beschreibe und in Worte fasse, verliert etwas von seiner Bedrohlichkeit; zumindest mit Worten habe ich meine Gefühle dann im Griff.

Nun schütte ich mein Herz vor Gott aus. Im Psalm 62 Vers 9 werden wir ganz konkret dazu ermuntert:

»Hoffet auf ihn allezeit, liebe Leute, schüttet euer Herz vor ihm aus; Gott ist unsere Zuversicht« (Ps. 62,9).

Alle meine Ängste und Sorgen, alle meine negativen Gefühle lege ich Gott hin. Sie sind ein Teil von mir.

Ich kann Gott auch einen Brief schreiben. Später hake ich dann, nach erfolgreicher Bewältigung, die einzelnen Sorgen, Ängste und negativen Gefühle ab. Jeder Haken ist damit ein Zeichen für das Eingreifen Gottes in mein Leben. Das macht Mut!

Im »Vater unser« vermittelt uns Jesus, Gott ist wie ein Vater zu uns, d. h. ich bin ein Kind Gottes! Mir persönlich hilft in Krisensituationen oft die Besinnung auf meine eigene Vaterrolle. Wenn ich bedenke, wie wichtig mir meine Kinder sind; wieviel Zeit, Kraft, Geld ich für sie aufbringe. Wie ich mich darüber freue, wenn es ihnen gut geht. Ich stecke eigene persönliche Wünsche für sie zurück. Vatersein ist ein tiefes Glück für mich. Ich bemühe mich, ein guter, verantwortungsbewußter, liebevoller und gerechter Vater zu sein. Mir gelingt das nur bruchstückhaft. Aber Gott ist für seine Kinder ja der absolut vollkommene Vater. Er ist mein Vater. Er hat mich lieb! Er weiß hundertprozentig, was für mich gut ist. Er hält mich fest und bringt mich ans Ziel.

Wenn ich mir diese Zusammenhänge vor Augen stelle und an Zusagen der Bibel festmache, entziehe ich meinen negativen Gefühlen den weiteren Nährboden und gewinne an Selbstachtung. Mein Wert als Mensch basiert eben nicht zuerst darauf, was ich mehr und besseres leiste als andere, sondern allein darauf, was ich bin: Ich bin ein Kind Gottes. Diese Glaubensaussage fußt nicht auf meinen Gedanken und schwankenden Gefühlen, sondern auf Gottes Zusagen in seinem Wort. Gottes Wirklichkeit ist realer als meine vordergründigen Wahrnehmungen, meine veränderlichen Gefühle und meine in Zeit und Raum gefangenen Gedanken.

»Wie viele ihn aber aufnahmen, denen gab er Macht, Gottes Kinder zu werden, denen, die an seinen Namen glauben« (Joh. 1,12).

Wenn ich mich auf das Fundament meines Lebens als Sohn/ Tochter des allmächtigen persönlichen Gottes besinne, habe ich eine gute Ausgangsbasis gewonnen, meine Sorgen, Ängste, Minderwertigkeitsempfindungen nach und nach anzugehen. Ganz genau schaue ich mir jeden mich bedrängenden Gedanken an und frage mich, wo er her kommt, was er mir sagen will. Ich prüfe ihn nach seiner »Berechtigung« und entscheide dann, was ich damit machen will.

Erkenne ich, diese negativen Gedanken und das damit verbundene Minderwertigkeitsgefühl stimmen nicht mit meinem Selbstverständnis als Christ überein, beginne ich diese Gedanken zu löschen. Immer wenn diese Gedanken auftauchen, sage ich zu mir selbst: »STOP! Du hast über diese Zusammenhänge bereits nachgedacht und gebetet; diese Gedanken kannst du ruhig streichen.«

Bei anderen Minderwertigkeitsgefühlen, die auf eindeutiges Fehlverhalten, auf Unterlassungen und Defiziten von mir beruhen, gehe ich anders vor:

Ich untersuche die Ursachen und Auswirkungen. Zunächst versuche ich, dem Minderwertigkeitsgefühl seinen destruktiven Einfluß zu nehmen. Ich deute es um und drücke es positiv aus, so wie es der göttlichen Wirklichkeit entspricht:

»Gut, daß ich jetzt weiß, was mit mir los ist.«

Wenn mir klar wird, ein bestimmtes negatives Gefühl ist an Schuld, Groll, Haß, Nachtragen, Undank, Neid, Konkurrenzdenken usw. gekoppelt, bitte ich Gott und – wenn es erforderlich ist – auch mitbetroffene Menschen um Vergebung. Gott hat versprochen, diese Schuld in seinem »Datenspeicher« endgültig zu löschen; ich selber werde noch eine Zeitlang mit den Folgen und entsprechenden negativen Gedanken zu kämpfen haben. Ich übe mich dabei in Geduld, bis ich auch in diesem Punkt innerlich heil geworden bin.

Mit Gottes Hilfe – und eventuell auch mit der Begleitung von einem seelsorgerlichen Menschen – kann ich negative Gefühle klären, überwinden und durch positive Selbstaufforderungen (Einreden) mit der Zeit auflösen. Dieser gedankliche Umschwung macht dann auch den Weg frei für positive

Erfahrungen; ich werde mich daraufhin selbstsicherer fühlen und meine Minderwertigkeitsgefühle abbauen.

Werden meine Selbstzweifel, Hemmungen und Beziehungsängste geringer, werde ich als Gruppenleiter offener für Beziehungen zu den Gruppenmitgliedern und Gästen; ich werde mehr Freude und Erfüllung in meiner Aufgabe finden.

Diese »Methode« des »Selbstsicherwerdens« ist keine raffinierte Form der psychischen Selbstüberlistung. Wenn Menschen begründet positiv denken können, dann doch in erster Linie Christen. Wir haben einen liebenden und gerechten Vater, der es gut mit jedem seiner Kinder meint. Dieses Wissen ist die Grundlage, von der aus wir die negativen-destruktiven Gedanken und Kräfte in uns selbst und in der Welt bekämpfen und aushalten können. In den Abschiedsreden sagt Jesus zu seinen Freunden:

»In der Welt habt ihr Angst, aber seid getrost, ich habe die Welt überwunden!« (Joh. 16,33).

Fragen

- ☞ Wann und wo fühle ich mich minderwertig?
- ☞ Worum kreisen meine negativen Gedanken und Gefühle?
- ☞ Wie ist die Geschichte dieses Gefühls?
- ☞ Wann, wie, wo ist es entstanden?
- ☞ Wie hat es sich weiter entwickelt?
- ☞ Wer hat es mir warum eingeimpft?
- ☞ Will ich es löschen?

- ☞ Will ich es positiv umdeuten und bearbeiten?
- ☞ Wie?
- ☞ Wer hilft mir dabei?
- ☞ Womit fange ich an?

2.3.3 Selbstaufforderung / Einrede: Harre auf Gott! – Immer cool bleiben, Gott ist mit dir!

In der Bibel gibt es sehr viele Selbstaufforderungen, seine Gefühlslagen und Gedanken auf Gott auszurichten. Wenn wir die Botschaft eines wiederkehrenden Gefühls verstanden und als ein Teil von uns akzeptiert haben, dann können wir darauf Einfluß nehmen. Wir können diesem Gefühl eine neue Richtung geben.

Wenn wir es ernsthaft wollen und dann entsprechend auch tun, können wir uns eine neue Art der Wahrnehmung eintrainieren und damit auch unsere Gefühle und Einstellungen positiv auf die Realität Gottes ausrichten. Viele Liederdichter geben uns davon Zeugnis, so auch König David in Psalm 59:

David verschließt nicht seine Augen vor der sichtbaren Wirklichkeit. Sehr deutlich beschreibt er seine Feinde, seine Notlage und seine Ängste. Er bleibt aber dabei nicht stehen. Er fordert sich selbst auf – schon gleich am Morgen – sich auf sein Lebensfundament und die Zusagen Gottes zu besinnen:

»*Ich aber will* von deiner Macht singen und des Morgens rühmen deine Güte; denn du bist mir Schutz und Zuflucht in meiner Not.

Meine Stärke, *dir will ich* lobsingen; denn Gott ist mein Schutz, mein gnädiger Gott« (Ps. 59, 17; 18).

Es ist jedesmal ein neues Wagnis, ein Glaubensschritt und setzt eine willentliche Entscheidung voraus, wenn ich mich bedingungslos auf Zusagen Gottes einlasse. Jede Krise ist dafür eine Nagelprobe. Nehme ich die Herausforderung positiv an, nehme ich auch die Verantwortung für meine Art zu leben wahr. Ich lebe bewußt, ich gestalte mein Leben in voller Abhängigkeit von Gott (Demut). Je intensiver mir das gelingt, desto weniger abhängig bin ich von dem Wohlwollen und Applaus meiner Mitmenschen (Freiheit).
»Was betrübst du dich, meine Seele, und bist so unruhig in mir? Harre auf Gott! Denn ich werde ihm noch danken, daß er meines Angesichts Hilfe und mein Gott ist« (Ps. 42, 12).

»Der Herr ist mit mir, darum fürchte ich mich nicht; was können mir Menschen tun?« (Ps. 118,6).

»Ist Gott für uns, wer mag wider uns sein?« (Röm. 8, 31).

»Ich bin gewiß, daß weder Tod noch Leben, weder Engel noch Mächte noch Gewalten, weder Gegenwärtiges noch Zukünftiges, weder Hohes noch Tiefes noch eine andere Kreatur uns scheiden kann von der Liebe Gottes, die in Christus Jesus ist, unserm Herrn« (Röm. 8, 38.39).

Fragen

☞ Welche biblischen Zusagen will ich mir wieder neu bewußtmachen und einreden?
Z. B.: Röm. 8; 2 Kor. 5, 17; Phil. 4,13; Hebr. 13,6; Ps. 23; Ps. 55, 23; Ps. 118; Ps. 139, 13f; Spr. 3, 16 ...

☞ Selbst-Bewußtsein entwickeln ist ein lebenslänglicher Lernprozeß.
Welche Selbstaufforderungen und Einreden sind für mich heute wichtig?

Beispiele:

☛ Ich bin ein Kind Gottes!

☛ Ich vertraue Gott; er steht mir bei in jeder Lebenslage!

☛ Ich brauche keine Angst vor Menschen zu haben!

☛ Ich brauche keine Angst vor mir selbst zu haben!

☛ Ich weiß, was ich will!

☛ Ich sage meine Meinung!

☛ Ich setze mich liebevoll, konstruktiv und zielorientiert durch!

☛ Ich äußere meine Wünsche!

☛ Ich kann auch verzichten, wenn ich es will!

☛ Ich kann mich abgrenzen und Nein sagen!

☛ Ich kann Verantwortung übernehmen!

☛ Ich habe Vertrauen in mich und zu anderen!

☛ Ich und auch andere dürfen Fehler machen!

☛ Ich kann Aufgaben delegieren!

☛ Ich kann auf Menschen zugehen!

☛ Ich kann mich auf andere Menschen einlassen!

☛ Ich bin auf dem Weg in den Himmel!

☛ Das Schönste kommt noch!

...

»Gott gebe mir die Gelassenheit, Dinge hinzunehmen, die ich nicht ändern kann, den Mut, Dinge zu ändern, die ich ändern kann, und die Weisheit, das eine vom anderen zu unterscheiden.« (Christof Friedrich Oetinger 1702-1782)

2.3.4 Die Erfolgsspirale

Als Gegenstück zum Teufelskreis der Minderwertigkeitsgefühle stelle ich die Erfolgsspirale Gottes dar.

Ein sich-selbstbewußter, selbstsicherer und demütiger (s. 2.3.3) Gruppenleiter wird von einigen Gruppenteilnehmern kritisiert.

Wie wird er sich verhalten?

Zunächst hört er genau zu. Er vergewissert sich und fragt nach, ob er alles richtig verstanden hat. Aufkommende Gedanken der Abwehr blockt er ab. Er dankt den Gruppenmitgliedern für ihre Offenheit und für ihr Vertrauen. Gemeinsam mit den Kritikern sucht er eine Lösung der anstehenden Probleme. Betrifft die Kritik allein seine Person, und kann er sie akzeptieren, verspricht er, sein Verhalten entsprechend zu ändern. Kann er dem Inhalt der Kritik nicht folgen, muß die ganze Gruppe sich damit befassen und eine tragfähige Lösung finden. Gelingt es der Gruppe die Kritik konstruktiv zu bearbeiten, werden die Beziehungen untereinander und zum Gruppenleiter vertieft und wertvoller.

Der Gruppenleiter freut sich über diese Erfahrungen und dankt Gott dafür. Dies stärkt sein Lebensfundament, seinen Glauben und sein Gottvertrauen. Er gewinnt Mut, Kraft und begründete Hoffnung, seine Grenzen weiter zu stecken und neue Ziele anzupeilen.

Die Erfolgsspirale

① Einige Gruppenteilnehmer kritisieren mich.
Ich fühle mich angegriffen.
Ich will mich verteidigen!

STOP

② Kritik, Mitdenken ist gut!
Die Teilnehmer sind an mir und der ganzen Gruppe interessiert.
Ich will genau hinhören.
Ich will Ihre Kritik verstehen.

③ Ich fühle mich etwas angespannt, nervös und etwas unsicher.
Mit Gottes Hilfe und Verbündeten in der Gruppe werde ich mit allen zu einem guten Ende kommen.

④ Wie kann ich den Kritikern entgegenkommen?
Was sind die eigentlichen Probleme?
Wie sind die Anteile an den Problemen verteilt? Wie kann eine Lösung aussehen?
Herr, zeige uns den richtigen Weg.

⑤ Ich freue mich über unsere Gruppe.
Es ist gut, daß wir offen über die Probleme reden können.
Danke, Herr, daß ich das Gespräch so leiten konnte und wir eine Lösung finden.

⑥ Ich will neue Wege wagen.
Ich vertraue der Gruppe.
Ich kann gelassen bleiben.
Es wird neue Schwierigkeiten geben, aber du, Herr, gehst auch weiter mit!

⑦ Wir gehen partnerschaftlich miteinander um. Die Gruppe lernt Konflikte konstruktiv zu bewältigen.
Jeder wächst in seiner Mitverantwortung für das Ganze und dem Anderen.
Ich fühle mich entlastet und bin froh in meiner Aufgabe als Gruppenleiter.

⑧ Herr, du hast mir und unserer Gruppe neue, tiefere Beziehungen untereinander geschenkt. Es erstaunt mich, wieviele Fähigkeiten und Gaben du in mich und die Gruppe hineinlegst. Vieles hätten wir uns früher nie zugetraut.

⑨ Wohl den Gruppenleitern
und den Gruppen,
die sich auf Gott verlassen.
Sie werden Zeiten der Konflikte
durchstehen und daran reifen.
Sie werden wachsen
und Frucht bringen.

2.4 Begeisterung ist ansteckend – Nichtbegeistertsein noch mehr!

Wie kann ich Gruppenteilnehmer motivieren, aufbauen und gewinnen, wenn ich selber als Gruppenleiter lustlos und ohne frohe Erwartungen zu den Treffen gehe?!

Nichtbegeistertsein ist viel mehr als eine vorübergehende schlechte Stimmungslage. So wie ein von Jesus begeisterter Gruppenleiter ein Segen für die Gruppe darstellt, so kann ein nicht begeisterter ein Fluch für die Gruppenmitglieder und Gäste sein.

Klar, es gibt viele Abstufungen in den Auswirkungen, und es kommt darauf an, wie ein Gruppenleiter mit seiner Nichtbegeisterung umgeht, ebenso auch wie lange Zeit er in diesem Zustand bleibt.

- Das Schlimmste, was dieser Gruppenleiter sich und der Gruppe antun kann, ist, Begeisterung vorzuheucheln. Er verliert damit seine Glaubwürdigkeit.

- Wenn der Gruppenleiter die Mitglieder für stark genug hält, wird es für ihn und die Gruppe hilfreich sein, seine Gefühle und Gedanken offen darzulegen, und sie zum Thema eines Gruppengesprächs zu machen.

- Wenn einem Gruppenleiter die Lustlosigkeit und fehlende Begeisterung an seiner Aufgabe bewußt wird, muß er als erstes seine Glaubensbeziehung grundsätzlich überprüfen:

  ☞ Was ist los mit mir?

  ☞ Bin ich noch mit dem ganzen Herzen dabei?

Findet er durch Beten, Nachdenken und Gesprächen mit Freunden und seinem seelsorgerlichen Begleiter eine Erklärung, bittet er – soweit es an ihm liegt – Jesus um Vergebung und vollzieht die notwendigen Kurskorrekturen.

Konzentriert sich die Beziehungsstörung hauptsächlich auf sein Verhältnis zur Gruppe, so wird er weiter fragen:

☞ Was können die Ursachen dafür sein, warum ich meine Begeisterung verloren habe?

☞ Wie werde ich wieder begeistert?

☞ Was kann ich dazu tun?

Die Lustlosigkeit ist vermutlich nicht plötzlich dagewesen. Sie hat sich eingeschlichen. Es ist gut, wenn ich Anzeichen dafür schon früh bei mir bemerke; sonst kann aus dem kleinen Schneeball eine immer größer werdende Lawine entstehen. Erste Anzeichen sind:

- Ich freue mich nicht mehr so sehr auf die Gruppentreffen.

- Die Arbeit des Gruppenleiters tue ich nicht mehr gerne, sondern mehr aus Pflichtgefühl heraus; die Gruppe wird mir zur Last.

- Telefonate mit Gruppenmitgliedern kosten mich Überwindung.

Will der Gruppenleiter den Dingen auf den Grund gehen, versucht er zuerst eine möglichst wertfreie Beschreibung des Zustands der Gruppe, seiner Gefühle und Arbeitsbedingungen niederzuschreiben.

☞ Was hat sich in den letzten Wochen und Monaten in der Gruppe und bei mir verändert?

Einige Stichwörter:
Aufgabenbelastung, Erwartungen, Konflikte, Enttäuschungen, Pleiten, Gäste, Atmosphäre bei den Treffen, Langeweile,

Gesprächsthemen, Verhalten von Gruppenmitgliedern, Müdigkeit, Perspektive ...

Schon beim Niederschreiben seiner Beobachtungen werden dem Gruppenleiter höchstwahrscheinlich einige »verdächtige« Dinge auffallen. Auf vier wichtige Bereiche, in denen meistens Mitursachen für das »Nichtmehr-Begeistertsein« von Gruppenleitern zu finden sind, gehe ich in den folgenden Abschnitten kurz ein.

2.4.1 Zielkontrolle

Wenn meine Begeisterung nachläßt, liegt das häufig (immer?) daran: Ich bin dabei, die ursprünglichen guten Ziele aus dem Auge zu verlieren. Andere, falsche Ziele werden mir wichtiger.

☞ Welche Ziele verfolge ich zur Zeit?

☞ Warum? Was sind meine eigentlichen Motive?

☞ Habe ich die Ziele zu hoch geschraubt?

☞ Sind Teilziele der Gruppe zu sehr meine persönlichen Ziele geworden?

☞ Bin ich gekränkt, weil es so langsam vorwärts geht?

☞ Überschätze ich mich?

☞ Fühle ich mich zu wichtig und für alles selbst verantwortlich?

☞ Ist mein Wunsch und Bedürfnis nach Anerkennung, Zustimmung, und Wertschätzung durch die Gruppenmitglieder und Gemeindeleitung zu stark in den Vordergrund getreten?

Sehr häufig besteht ein enger Zusammenhang zwischen meiner Begeisterung und Selbstwerteinschätzung. Hängt meine Begeisterung für die Gruppe zu stark von positiven Rückmeldungen ab, wird meine Freude beim Ausbleiben von »Lobeshymnen« schnell schwinden (s. Kap. 2.2 und 3.).

☞ Ist die Gruppe am Ende?

☞ Macht es unter den gegebenen Umständen keinen Sinn mehr, die ursprünglichen Ziele anzugehen?

☞ Ist es besser, die Gruppe in Frieden aufzulösen?

2.4.2 Undankbarkeit – Die Wurzel alles Übels

Halte ich alle Segnungen und Geschenke an mich und unsere Gruppe für selbstverständlich und empfinde fast einen Rechtsanspruch darauf, wie kann da Freude und Begeisterung aufkommen?!

☞ Worauf richte ich mein Augenmerk, wenn ich die Gruppe betrachte?

☞ Was nehme ich wahr?

☞ Was will ich sehen?

☞ Wie werte ich das Gesehene?

☞ Sehe ich hauptsächlich die Fehler, Mängel, Konflikte … und werde unzufrieden?
oder
☞ Sehe ich zuerst, was bereits an Gutem in der Gruppe gewachsen ist (Früchte)?

☛ Erkenne ich in den Ansätzen, in den Knospen und Trieben, welche wunderbare Früchte daraus werden können, und bin dafür Gott dankbar?

Danken = Denken mit dem Herzen

Wenn ich für mich feststelle, daß die Ursache für meine Nichtbegeisterung in meiner Undankbarkeit liegt, und ich das ändern will, so muß ich mich bewußt willentlich dafür entscheiden und mit dem Danken beginnen. Durch das tägliche Tun wächst dann in mir eine Gesinnung der Dankbarkeit für die großen und scheinbar kleinen Dinge und Ereignisse.

»Wer Dank opfert, der preiset mich, und da ist der Weg, daß ich ihm zeige das Heil Gottes« (Ps. 50, 23).

Unabhängig davon, was zu meiner Nichtbegeisterung geführt hat, wenn ich bewußt danken lerne, die angenehmen Dinge nicht mehr für selbstverständlich erachte, wird mein Maßstab zurecht gerückt. Ich kann meine Krise besser als Chance für einen Neubeginn begreifen. Im Danken gebe ich Gott recht. Ich gebe meinen Widerstand auf und öffne mich für neue Wege und Sichtweisen.

2.4.3 Verhältnis eines Gruppenleiters zu den Gruppenmitgliedern

Dauerkonflikte, unterschwellige Kritik, ironische Bemerkungen, Sticheleien und Nichtbeachten durch Teilnehmer können einem Gruppenleiter das Leben schwer machen und ihm die Freude an seiner Aufgabe nehmen.

☛ Sind meine Beziehungen zu einzelnen Gruppenmitgliedern gestört?

☛ Habe ich einzelnen gegenüber eine negative Erwartungshaltung?

☛ Empfinde ich sie als »Feinde«?

☛ Begebe ich mich schon vorsorglich in eine Abwehrhaltung?

☛ Bin ich sehr empfindlich?

☛ Bin ich nachtragend?

☛ Haben mich einige verletzt?

☛ Bin ich von einigen enttäuscht?

☛ Habe ich Vorurteile?

☛ Bin ich ein »Besserwisser«?

☛ Fällt es mir sehr schwer, Erkenntnisse, Gedanken und Gefühle anderer, die meinen Erfahrungen widersprechen, stehenzulassen?

☛ Leide ich darunter, wenn nicht alle meiner Meinung sind und mir als Gruppenleiter nicht zustimmen?

☛ Fühle ich mich von einigen aus der Gruppe nicht akzeptiert?

☛ Bin ich es leid, einzelne Mitglieder zu bedienen?

☛ Bin ich »böse« auf einige Mitglieder, weil sie mich und die Gruppe behindern, belasten, aufhalten, bestimmte Ziele zügig zu erreichen?

☛ Wie ist meine Wertschätzung dem einzelnen Gruppenmitglied gegenüber?

Beziehungsstörungen können meine Begeisterung sehr trüben und zum Erlöschen bringen. Wenn ich für jeden Teilnehmer der Gruppe ernsthaft bete und ihn vor Gott segne, durchleuchte ich meine Beziehung zu ihm. Komme ich ins Stokken, schweife ich immer wieder ab, spüre ich wie sich eine Blockade aufbaut, dann merke ich sehr schnell: zu diesem Menschen ist meine Beziehung stark gestört.

Bin ich nicht willens, diese Störung mit allem Einsatz – soweit es mich betrifft – zu beheben, wird meine Begeisterung nicht zurückkommen. Ich werde mich weiter von Gott entfernen, da er mich nicht segnen kann.

»Wenn ihr den Menschen ihre Verfehlungen vergebt, so wird euch euer himmlischer Vater auch vergeben. Wenn ihr aber den Menschen nicht vergebt, so wird euch euer Vater eure Verfehlungen auch nicht vergeben« (Mt. 6 14.15).

Sich aussöhnen ist das Beste, was ich für mich und den anderen tun kann. Die Beziehung wird wieder heil, die Kommunikation läuft ohne Störung, und ich werde frei von dem unnötigen Ballast, den ich dem anderen hinterhergetragen habe. Auch das Klima in der Gruppe wird freundlicher werden.

2.4.4 Burnout – Vorbeugen ist besser als Heilen!

☛ Bin ich einfach müde, ausgebrannt und dadurch lustlos und nicht begeistert?

☛ Habe ich über meine Verhältnisse und Kräfte gelebt?

☞ Mache ich mir die Schwierigkeiten und Probleme der Gruppe und einzelner Mitglieder persönlich zu eigen und habe zu wenig Abstand?

☞ Habe ich mich übernommen, weil ich meinte, alles selber tun zu müssen, weil ich anderen und Gott nicht genügend vertraute?

☞ Neige ich zum Perfektionismus?

☞ Brauche ich den Streß und die Hektik um die Gruppe, damit ich nicht zur Ruhe komme und immer das »schöne« Gefühl habe, gebraucht zu werden und unersetzbar zu sein?

☞ Brauche ich eine Auszeit, ein Sabbatjahr?

Ist mein Nichtbegeistertsein die Folge von Burnout, muß ich mein Leben neu ordnen, alle meine Maßstäbe überprüfen und meine Prioritätenliste neu erstellen.

2.4.5 Zusammenfassung

Ist unsere Begeisterung (erste Liebe, Retterliebe, Brennen im Geiste) punktuell oder auch insgesamt abhanden gekommen, liegen dem immer Beziehungsstörungen zugrunde: Störungen in meinem Verhältnis zu Jesus, zu mir selbst und zu anderen Mitmenschen. Nur durch Umkehr, Buße, Vergebung und Korrektur meiner Maßstäbe und Ziele werde ich heil und kann meine Aufgabe als Gruppenleiter wieder mit Begeisterung aufnehmen.

Weder durch asketische Anstrengungen und Meditation noch durch erhöhte fromme Leistungen und Einsätze, kann ich innerlich heil und wieder begeistert werden. Gottes Geist

ist ein Geschenk an uns, das er jedem seiner Kinder in Fülle zukommen lassen will.

»Des Herrn Augen schauen alle Lande, daß er stärke, die mit ganzem Herzen bei ihm sind« (2. Chr. 16, 9).

3 Kommunikation – Immer eine Herausforderung

3.1 Zehn Minusregeln

Wie ich schnell und wirksam eine Gruppe ruinieren kann

Kommunikation ist der Austausch von Nachrichten; dabei sind viele Mißverständnisse und Auswüchse möglich.

Wenn Sie als Leiter/in Ihren Gruppenmitgliedern unmißverständlich und drastisch Ihre Mißachtung mitteilen wollen, wird Ihnen dies in kurzer Zeit gelingen, wenn Sie die folgenden Minusregeln gut beachten. Vergessen Sie bitte nicht, Ihre Entgleisungen in einem lauten und unfreundlichen Ton vorzubringen und mit eindeutigen Gesten und Grimassen zu unterstreichen. Lassen Sie Ihren Gefühlen freien Lauf und tun Sie sich keinen Zwang an:

- Zeige jedem gleich, wer hier der Chef ist – und wo es lang geht. So gibt es keine Mißverständnisse. Sorge immer für klare Verhältnisse!

- Du hast immer recht; schließlich bist du der Chef.

- Du brauchst gar nicht genau zuzuhören. Auch wenn du kein Lehrer sein solltest, du weißt es sowieso besser.

- Kommentiere jede Meinungsäußerung! Die Teilnehmer müssen schließlich von dir erfahren, was richtig und falsch ist. Dein Senf ist wichtig!

- Spaß muß nicht sein! Lachen macht nur Falten und untergräbt deine Autorität!

- Zeige auf keinen Fall persönliche Gefühle des Verständnisses und Mitleids! Du bist doch kein Weichling oder Softy!

- Rechne immer mit persönlichen Angriffen! Vergiß dich nie zu rechtfertigen! Denke daran: Angriff ist die beste Verteidigung!

- Gib nur nichts Persönliches von dir preis. Man könnte es gegen dich verwenden.

- Halte lange Vorträge! Solange du redest, kann nichts schief laufen. Da lernen die Leute nichts Falsches. Lehre ist wichtig! Die Diskutiererei schadet nur!

- Konflikte und Probleme in der Gruppe mußt du nicht sehen. Augen zu – und durch! Wozu gibt es denn Teppiche?! Die Leute vergessen schnell. Die Zeit heilt alle Wunden!

3.2 Kommunikation – Crashkurs

Kommunikation ist ein schwieriges Geschäft, voller Tücken und Lücken. Wir treten dabei in Fettnäpfchen, verhalten uns wie Elefanten in einem Porzellanladen; wir machen aus Mücken Elefanten, wir schießen mit Kanonen nach Spatzen. Manchmal müssen wir sogar Kröten schlucken und bekommen Wörter im Hals herumgedreht. Wir sehen durch rosarote Brillen. Auch sind wir fleißige Dichter. Auf alles, was andere sagen, machen wir uns unseren eigenen Reim. Diesem schwierigen und komplizierten Geschäft können wir uns nicht entziehen.

3.2.1 Grundgesetze der Kommunikation

Wir können nicht nicht-kommunizieren!

Einige Beispiele:

In irgendeiner Weise kommunizieren wir immer. Selbst wenn wir still und regungslos in der Ecke sitzen, ist das für den, der uns sieht, sehr vielsagend.

Wenn meine Frau mir nichts mehr sagt, sagt mir das sehr viel!

Wenn ein schweigendes und auch sonst passives Gruppenmitglied meint, sein Verhalten habe keine Auswirkungen auf die Gruppe, so ist das ein Irrtum. Sein vermeintliches »Nichtverhalten« löst bei den anderen Teilnehmern Spekulationen aus und kann Aversionen gegen ihn erwecken. Man weiß nicht, wo man bei ihm dran ist.

Ein immer wieder wirksames Mittel eines Gesprächsleiters, am Anfang die Aufmerksamkeit aller Teilnehmer auf sich zu lenken, ist, daß er nichts sagt. Sein »aktives Nichtkommunizieren« wird von der Gruppe meistens gut verstanden, nach einer gewissen Zeit ruhen alle Augen erwartungsvoll auf ihm.

Es ist nicht entscheidend, was ich sage, sondern, was der andere versteht!

Kommunikation steckt immer voller Risiken. Mit jeder Nachricht geben wir eine Vielzahl an Botschaften und Gefühlssignalen weiter, manche offen, manche verdeckt, manche unbewußt. Wir wissen nie genau, welche Botschaften wir mit einer Nachricht mitvermitteln. Wir wissen nie genau, was bei dem Empfänger ankommt, welche Regungen es bei ihm auslöst, und was er für einen Reim sich darauf macht.

Jede Nachricht hat eine Sachebene und eine Beziehungsebene

Was wir sagen, was wir an Sachinformationen, Inhalten weitergeben, bewegt sich auf der Sachebene. Wie wir etwas sagen, welche Gefühle mitschwingen, welche Wortwahl wir treffen, die Tonlage, Mimik, Körperhaltung, Augenstellung, usw. spielt sich auf der Beziehungsebene ab. Wollen wir möglichst Mißverständnisse in der Kommunikation vermeiden, müssen wir auf der Sachebene eine dem Empfänger verständliche Sprache verwenden. Sind wir uns über unseren Gefühlszustand im klaren und sind wir uns über die Art der Beziehung zu dem Empfänger bewußt, können wir auch auf der Beziehungsebene eindeutige Signale geben.

Kompliziert wird die Kommunikation noch dadurch, bei den Überlegungen, was und wie wir eine Nachricht weitergeben, müssen wir ja auch die zu erwartende Reaktion des Empfängers mit einplanen. Ist er gerade traurig oder schlecht gelaunt, reden wir vorsichtig mit ihm. Macht er einen gut gelaunten Eindruck, wagen wir es eher, ihn direkter anzusprechen.

Wollen wir wirklich sicher sein, daß der Empfänger unsere Nachricht richtig, d. h. weitgehend so wie wir es gemeint haben, verstanden hat, müssen wir uns bei ihm rückversichern. Selbst dann bleibt noch ein nicht aufhebbares Restrisiko: Versteht der Empfänger die Begriffe und Bilder genauso wie wir?

Die alte Regel: »erst Gehirn einschalten, dann reden« greift zu kurz. Ebenso wie mein Gehirn muß ich auch mein »Herz« aktivieren. Menschen mit einer hohen emotionalen Intelligenz sind diese Zusammenhänge stets bewußt und können entsprechend gut kommunizieren.

Wenn ich als Gruppenleiter/in von der Gruppe verstanden werden will, teile ich nicht nur sachlich mein Anliegen mit, sondern ich lasse die Teilnehmer auch wissen, warum mir die Angelegenheit wichtig ist, welche Gefühle ich damit verbinde. Äußere ich mich bewußt eindeutig auf der Sach- und Beziehungsebene, werden mich die Mitglieder richtig verstehen und können auf mein Anliegen entsprechend eingehen.

Um die Gefühle hinter den Aussagen der Gruppenmitglieder zu erkennen, frage ich mich als Gruppenleiter:

- Was bewegt den Teilnehmer, daß er sich so äußert?
- Was fühlt er?
- Ist er wütend, verletzt, hat er Angst, freut er sich, ist er stolz, selbstgefällig, unsicher, irritiert, verlegen, nervös, begeistert?
- Wie würde ich mich fühlen, wenn ich so etwas sagte?

Wenn ich meine, das Gefühl des Teilnehmers erkannt zu haben, und den Eindruck gewinne, für ihn könnte es wichtig sein, auch über sein Gefühl zu sprechen, gehe ich darauf ein und sage zu ihm: Ich habe den Eindruck, das macht dich traurig / wütend / beunruhigt dich / ... Nimmt der Teilnehmer die Chance wahr, auch seine Gefühle zu äußern, wird er bei den Zuhörern auf tieferes Verständnis stoßen. Die Kommunikation gewinnt an Klarheit und Gewicht.

Wahrnehmen heißt immer auch auswählen!

Welche verdeckten oder offenen Botschaften einer Nachricht wir wahrnehmen und was wir daraus machen, hängt von vielen Bedingungen ab; unter anderem von unseren persönlichen Erfahrungen, dem Selbstwertgefühl, den Erwartungen und Zielsetzungen. Die Fähigkeit, sich beim Auswählen der

Wahrnehmungen selbst zu täuschen, ist nahezu unbegrenzt. Das gilt für den einzelnen wie für ganze Gruppen und Gemeinden: Wenn wir ein Vorurteil haben, sehen und hören wir alles sehr genau, was uns in unserem Vorurteil bestätigt. Was dagegenspricht, nehmen wir kaum zur Kenntnis und vergessen es sehr schnell.

Wenn sich ein Gruppenmitglied innerlich aus der Gruppe oder Gemeinde verabschiedet hat, wird er vor allem die negativen Seiten der anderen Teilnehmer sehen und sich so in seinem Urteil bestätigt fühlen.

Wir können nie alle Botschaften von Nachrichten wahrnehmen und verarbeiten. Wir müssen auswählen. Welche Filter verwenden wir? Wenn wir uns nicht manipulieren, d.h. nur von außen bestimmen lassen wollen, müssen wir die richtigen Filter für unsere Wahrnehmung einsetzen. Mit seinem Wort hat uns Gott den richtigen Filter geschenkt. Durch Bibellesen, Gebet, Predigt und Gespräche mit anderen Christen schärfen wir unser Gewissen und bestimmen damit die Auswahlkriterien unserer Wahrnehmung.

Ein Schriftgelehrter fragt Jesus:

»Meister, was muß ich tun, daß ich das ewige Leben ererbe?« So wird uns in Lukas 10 berichtet.

»Was steht dazu im Gesetz?« stellt Jesus daraufhin die Gegenfrage. Der Gefragte antwortet:

»Du sollst den Herrn, deinen Gott, lieben von ganzen Herzen, von ganzer Seele, von allen Kräften und von ganzen Gemüt, und deinen Nächsten wie dich selbst« (5. Mose 6,5; 3. Mose 19,18).

Jesus bestätigt diese Aussage: »Du hast recht geantwortet, tu das, so wirst du leben.«

Auf unsere Wahrnehmung und Kommunikation bezogen heißt das:

Wir sollen unsere Wahrnehmung so programmieren, daß wir die Botschaften herausfiltern, die für unsere Liebe zu

Gott und zu den Mitmenschen förderlich sind. Wir können sicherlich nicht auf Kommando Gott oder einem Menschen Liebesgefühle entgegenbringen. Wohl können wir uns aber innerlich für oder gegen Gott und bestimmte Menschen entscheiden. Es liegt an uns, ob wir uns öffnen und dem anderen mit einer positiven oder negativen Haltung entgegen kommen.

Wie wichtig es ist, unsere Auswahlkriterien für unsere Wahrnehmung und dem daraus folgenden Handeln immer wieder kritisch zu hinterfragen, können wir aus dem Fortgang des Gesprächs zwischen Jesus und dem Schriftgelehrten entnehmen.

»Wer ist denn mein Nächster?« will der Schriftgelehrte wissen. Als Antwort erzählt Jesus die Geschichte vom barmherzigen Samariter (Lk. 10, 25-37).

Alle drei Männer sehen den Verletzten. Alle drei haben aus ihrer Sicht das richtige getan; aus Jesu Sicht allerdings nur der Samariter. Der Priester und Levit müssen ihre Maßstäbe und ihr Handeln verändern, sonst werden sie nicht leben und das Reich Gottes ererben.

Wenn in einer Gruppe die unterschiedlichen Bedürfnisse der Mitglieder respektiert werden, und die Teilnehmer sich untereinander wertschätzen, ermöglicht das einen offenen, vertrauensvollen, ehrlichen Umgang miteinander.

Offenheit und Vertrauen kann der Gruppenleiter nicht einfordern. Sie sind nur durch Vermittlung von Sicherheit zu erreichen. Die Gruppenmitglieder müssen wissen und erfahren haben: Hier haben wir »freies Geleit«. Hier werde ich nicht niedergemacht, wenn ich mich über Erfolge freue, wenn ich Fehler zugebe und Schwächen zeige.

3.2.2 Die vier Seiten einer Nachricht

Friedemann Schulz von Thun hat die verschiedenen Arten unseres Hörens / Wahrnehmens und Sendens von Nachrichten in seinem Buch »Miteinander Reden, Störungen und Klärungen« ausführlich beschrieben. Zwei sehr anschauliche Grafiken greife ich heraus. Grundgesetze der Kommunikation, wie eine Nachricht weitergegeben und wahrgenommen werden kann, lassen sich damit gut veranschaulichen.

Jede Nachricht hat mindestens vier Seiten

1. **Sachinhalt:**
Was inhaltlich mitgeteilt wird, die nackte Information.

2. **Selbstoffenbarung:**
Was der Sender über sich selber mitteilt, bewußt und unbewußt; Gefühle, Interessen, Wünsche, ...

3. **Beziehung:**
Wie der Sender zu dem Empfänger steht, was er von ihm hält.

4. **Appell:**
Was der Sender bei dem Empfänger bewirken will; Absicht, Bitte, Befehl, Wunsch, ...

Beispiel:
Ein Gruppentreffen geht zu Ende. Da sagt der Gruppenleiter, Herr Sauber, laut und vernehmlich in einem fordernden Ton in die Gruppe hinein: »Das Geschirr ist noch nicht gespült!« Herr Sensibel, ein Gruppenmitglied nimmt die Worte wahr.

Sender:	Gruppenleiter
Nachricht:	Was: »Das Geschirr ist noch nicht gespült.« Wie: laut, deutlich, fordernd.
Empfänger:	Gruppenmitglied Herr Sensibel
Sachinhalt:	Das Geschirr ist schmutzig und muß gespült werden.
Selbstoffenbarung:	Ich spüle nicht. Ich bin sauer.
Beziehung:	Die Gruppenmitglieder sind für das Spülen zuständig. Ich habe andere Aufgaben.
Appell:	Einige Gruppenmitglieder sollen das Geschirr spülen.

Die vier Seiten einer Nachricht

- Sachinhalt: Worüber ich informiere
- Selbstoffenbarung: Was ich von mir selbst kundgebe
- Beziehung: Was ich von dir halte, wie wir zueinander stehen
- Appell: Wozu ich dich veranlassen möchte

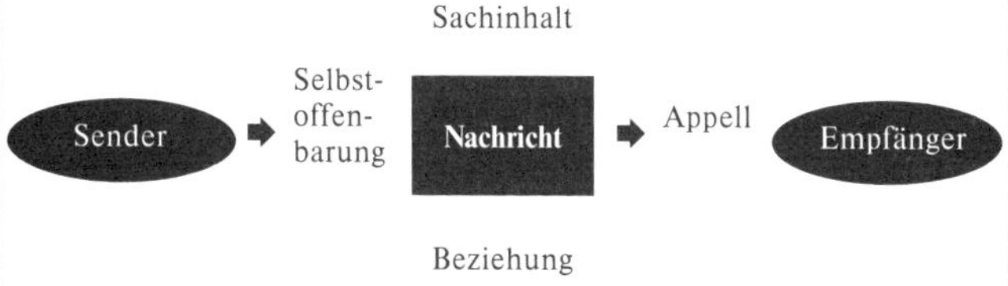

3.2.3 Der vierohrige Empfänger einer Nachricht

Jeder Mensch hört mit mindestens vier Ohren!

1. **Sachohr:**	Was ist Sache? Sachinformation
2. **Selbstoffenbarungsohr:**	Wie denkt und fühlt der Sender? Wie geht es ihm?
3. **Beziehungsohr:**	Wie steht der Sender zu mir? Freund oder Feind? Wie und was denkt er über mich?
4. **Appellohr:**	Was will er, was soll ich tun?

Beispiel: Dieselbe Situation wie oben.
Das Gruppenmitglied, Herr Sensibel, hört den Satz des Gruppenleiters:
»Das Geschirr ist noch nicht gespült!«

- Wie könnte Herr Sensibel diese Nachricht mit ihren offenen und verdeckten Botschaften wahrnehmen?

- Auf welchem Ohr ist er taub?

- Auf welchem Ohr ist er übersensibel?

Sachohr:	Das Geschirr ist schmutzig. Jemand muß es spülen.
Selbstoffenbarungsohr:	Herr Sauber will nicht selber spülen! Er ist ungeduldig. Mit so niedrigen Arbeiten gibt sich ein Gruppenleiter nicht ab.

Beziehungsohr: Er hält mich für sehr unselbständig, verantwortungslos, faul und blind. Er denkt, ich sei eine Putzfrau. Ich bin in der Hackordnung am unteren Ende.

Appell: Ich soll mich schuldig fühlen, mich an unsere Absprachen erinnern und das Geschirr spülen.

Der vierohrige Empfänger

Selbstoffenbarungsohr
Was ist das für einer?
Was ist mit ihm?
Was sagt er von sich?

Sachohr
Wie ist der Sachverhalt zu verstehen?

Beziehungsohr
Was denkt er von mir?
Wen glaubt er vor sich zu haben?

Appellohr
Was soll ich tun, denken, fühlen auf Grund der Mitteilung?

3.2.4 Zusammenfassung

Warum ich eine Nachricht so und nicht anders sende, warum ich eine Nachricht so und nicht anders höre und wahrnehme, liegt an mir, an meiner augenblicklichen Befindlichkeit, meiner Lebensgeschichte und meinen Lebenszielen. Was ich aus einer Nachricht mache, welchen Reim ich mir daraus bilde, wie ich kommuniziere, das liegt in meiner Entscheidung und Verantwortung. Es gibt immer viele Erklärungsmodelle für mein Wahrnehmungsverhalten und Tun in bestimmten Situationen. Solange ich den Verhältnissen die Schuld für mein

Tun und Lassen gebe und nicht die Verantwortung dafür selbst übernehme, bleibe ich innerlich unzufrieden, weil ich nicht selber lebe sondern eher mehr gelebt werde.

Sehr weitgehend können wir selbst darüber bestimmen, ob wir uns von außen manipulieren lassen, inwieweit wir uns einzelnen Gruppentrends und dem Zeitgeist öffnen.

Wenn wir bewußt kommunizieren wollen, müssen wir unsere Hör- und Sendegewohnheiten erkennen und unseren Maßstäben entsprechend, immer wieder neu korrigieren.

Besonders als Gruppenleiter muß ich mich bemühen, ausgewogen, immer mit allen vier Ohren zu hören und beim Senden von Nachrichten die Sachebene und die Beziehungsebenen bewußt zu benutzen.

Auch wenn ich alle Regeln der Kommunikation vollkommen einhielte, so muß ich mich doch immer wieder vergewissern, ob mich mein Gegenüber richtig verstanden hat:

Was zählt ist letztlich nicht mein Reden usw. sondern allein, was bei dem anderen ankommt. Wie sie meine Worte, Begriffe, Mimik und Gestik bewerten und deuten.

3.2.5 Die offene und ehrliche Kommunikation – ein hohes Ziel

Wie ich ohne Mißverständnisse und Störungen kommunizieren kann:

Die offene und ehrliche Kommunikation ist ein hohes erstrebenswertes Ziel jeder ganzheitlich orientierten Gruppe.
Im »Hohen Lied der Liebe« in 1. Kor. 13 zeigt uns Paulus die wichtigsten Elemente aller Kommunikation:
Liebe schließt jede Form von Zwang, Angst, Lüge und Mißtrauen aus.
Liebe ist getragen von Vertrauen, Wahrheit und Freiwilligkeit.

Ein Zusammenleben ohne Störungen, ohne Mißverständnisse und Konflikte wird es hier auf der Erde nicht geben. Wenn es zu Störungen kommt, sind sie aber mit dem guten Willen und der Vergebungsbereitschaft aller Beteiligten wieder zu beheben.

Wichtige Grundsätze für eine möglichst störungsfreie Kommunikation stelle ich im folgenden Abschnitt zusammen:

Hören – empfangen – wahrnehmen

- Ich höre genau zu, ausgeglichen mit allen »vier Ohren«.
- Ich interpretiere nicht vorschnell die Meinung des anderen, sondern vergewissere mich erst, ob ich ihn auch richtig verstanden habe.

Senden – antworten

- Ich sage eindeutig, was ich meine. Ich verzichte auf verdeckte, indirekte Botschaften.
- Ich teile dem anderen meine Wertschätzung mit.
- Ich respektiere die Bedürfnisse, Meinungen und Gefühle des anderen.
- Ich drücke mich sachlich und verständlich aus.
- Ich teile neben der Sache auch meine Gefühle mit.

Aufgabe des Gruppenleiters ist es, diese Grundsätze der Kommunikation selbst vorbildlich zu praktizieren und für ihre Einhaltung in der Gruppe zu sorgen.

Nicht wenige Gruppenmitglieder haben Vorbehalte, Ängste und Hemmungen gegenüber dieser Art des Umgangs. Häufig sehen sie auch darin keine Vorteile, sondern nur Probleme:

»Diesen Seelenstriptease machen wir nicht mit!«

»Da kann ich mich ja gleich auf die Couch beim Psychiater legen.« So und ähnliche Sätze bekam ich zu hören, als ich vor einigen Jahren als moderner, fortschrittlicher Gruppenleiter die neuen Kommunikationsregeln zügig in einer Gruppe einführen wollte.

Gruppenteilnehmer, die sich auf der Sachebene so sicher fühlen, müssen behutsam gewonnen werden, in der Kommunikation sich auch auf die Gefühls- und Beziehungsebene zu wagen. Ihnen fällt es zunächst schwer, die eigenen wahren Gefühle, Wünsche und Bedürfnisse zu erkennen und ihre persönlichen Standpunkte und Meinungen ehrlich zu äußern. Sie sind es gewöhnt – und verwenden viel Energie darauf –, hinter Masken, Fassaden und seelischen Mauern zu leben. Sie haben noch nicht erlebt, wie befreiend, erleichternd, erfüllend und beglückend eine Lebensweise ist, von der wir sagen können:

Was ich äußere, entspricht dem, was ich fühle und denke.

Fragen

☞ Wie gelingt es mir die im vorangehenden Kapitel genannten Grundsätze der Kommunikation in der Gruppe umzusetzen?
Was gelingt mir gut?
Wo muß ich besonders an mir arbeiten?
Wie will ich die Fortschritte kontrollieren?

- ☞ Auf welchen Ohren höre ich besonders gut?
  Wo bin ich taub? Warum?

- ☞ Bin ich mehr ein Kopf- oder Gefühlsmensch?
  Wie/Warum bin ich so geworden?

- ☞ Wie erkundige ich mich bei den Gruppenmitgliedern nach ihren Gefühlen?

- ☞ Wie vergewissere ich mich, ob die Gruppe mich richtig verstanden hat?

- ☞ Wie teile ich dem einzelnen Teilnehmer meine Wertschätzung mit?

- ☞ Wo baue ich für mich Fassaden auf?
  Wann verstecke ich mich hinter eine Maske?
  Bin ich in der Gruppe immer offen und ehrlich?
  Wo halte ich mich zurück?

- ☞ Verwende ich meistens Ich-Sätze oder bevorzuge ich Formulierungen wie man, wir, es und Du-Botschaften?

- ☞ Inwieweit stelle ich viele Fragen, um mich nicht selbst äußern zu müssen, und locke so viele Offenbarungen aus den anderen heraus?

- ☞ Welche Filter benutze ich bei der Wahrnehmung?
  Nach welchen Gesichtspunkten wähle ich aus?

4 Leiten durch Kommunikation und Vorbild

4.1 Grundannahmen: Leiten durch Kommunikation und Vorbild

- Das Verhalten der Gruppenmitglieder ist eine Antwort auf das Verhalten des Gruppenleiters.
  Der Gruppenleiter hat eine starke Vorbildfunktion. Das Vorbildverhalten beinhaltet die Chance, auf nicht direktive Weise auf die Teilnehmer Einfluß zu nehmen und sie auf die Ziele und Normen der Gruppe hinzulenken.

- Das Verhalten des Gruppenleiters ist geprägt von Partnerschaft, Respekt, Wertschätzung, Vertrauen und Zutrauen zu den Mitgliedern der Gruppe.

- Sein Führungsstil ist sozial-integrativ und partnerschaftlich ausgerichtet.

- Er gibt konstruktive Rückmeldung an die Teilnehmer und bittet selbst um ein kritisches Feedback.

- Der Gruppenleiter zeigt der Situation angemessene und seinem Wesen entsprechende Gefühlsäußerungen. Er bewegt sich nicht nur auf der Sachebene, sondern er beachtet und zeigt auch seine Gefühle.

- Der Gruppenleiter will die Teilnehmer überzeugen, gewinnen, aber nicht überreden oder durch bedrängende Gewissensappelle zu etwas zwingen oder nötigen.

- Er erkennt und respektiert Widerstände, Störungen und Konflikte in der Gruppe. Er geht darauf ein und sucht mit den Gruppenmitgliedern nach gemeinsamen tragfähigen Lösungen.

- Er entwickelt mit den Mitgliedern einen Gruppenkonsens und sorgt für die Beachtung der Vereinbarungen.

- Der Gruppenleiter begeistert und motiviert die Teilnehmer immer wieder neu, die Gruppenziele weiter mit Elan zu verfolgen.

- Er hat große Erwartungen an die einzelnen Teilnehmer. Diese Erwartungshaltung ermutigt und spornt das Gruppenmitglied an, Neues zu wagen. Gleichzeitig wird durch diese Erwartungshaltung der Leiter motiviert, das Mitglied gezielt zu unterstützen und zu fördern.

- Der Gruppenleiter ist nicht der Problem- und Konfliktlöser der Gruppenmitglieder, bestenfalls kann er vermitteln und Hilfen zur Lösung geben.

- Er ist nicht der Animateur der Gruppe und für ständige spannende Unterhaltung zuständig.

4.2 Mitfühlende Kommunikation – Seelsorge in der Gruppe

Aufbau hilfreicher Beziehungen

Mitgliedern in ganzheitlich orientierten Gruppen ist es wichtig, in ihrer persönlichen Entwicklung und in ihrer Glaubensbeziehung zu wachsen und die Beziehung zu den anderen Mitgliedern der Gruppe zu vertiefen. Jedes vertrauensvolle, persönliche Gespräch in der Gruppe hat auch immer starke seelsorgerliche Aspekte. Diese »gruppen-öffentliche« Seelsorge ist nicht nur für den direkt Betroffenen sondern auch für alle Gruppenmitglieder von geistlicher Bedeutung. Alle werden mit eingebunden, sie werden zu mitbetroffenen und zu mittragenden Begleitern.

Befindet sich ein Gruppenmitglied in einer Krisensituation und bringt seine Problematik in die Gruppe ein, so kann das für ihn sehr hilfreich sein. Hat die Gruppe es gelernt, mitfühlend zu kommunizieren und läßt sich auf das Problem und die Person des hilfesuchenden Mitgliedes ein, so hat das für ihn wichtige, positive Auswirkungen:

- Er fühlt sich geachtet, ernstgenommen und von den Mitgliedern der Gruppe verstanden.
- Er kann sich entspannen und wird wieder zuversichtlicher.
- Er ist nicht mehr allein mit seinem Problem.
- Durch das Nachfragen und die Beiträge der anderen sieht er seine Lage klarer und kann neue Perspektiven entwickeln.
- Beten die Gruppenmitglieder für ihn und sagen ihm praktische Unterstützung und Begleitung zu und wünschen ihm Gottes Segen, wird er wieder Mut und Hoffnung gewinnen und seine Krise bewältigen. Er wird gestärkt daraus hervorgehen. Gibt es etwas besseres?

Der Gruppenleiter bemüht sich bei diesen sensiblen, seelsorgerlichen Gesprächen um eine besonders einfühlsame und zurückhaltende Leitung. In erster Linie steuert er durch sein Vorbild und erweckt so eine Haltung der mitfühlenden Kommunikation in der Gruppe.

Menschen, die besonders gut mitfühlend kommunizieren und eine hilfreiche Beziehung aufbauen können, beschreibt

Prof. R. Tausch in einem Artikel in der Zeitschrift »Psychologie heute«, Heft 1.98.

Merkmale hilfreicher Personen

- »Achtung, Respekt, Ernstnehmen, positive emotionale Zuwendung, Wärme

- Aktiv, hilfsbereit, bemüht, nicht-passiv

- Aufmerksam zuhörend, mitfühlend

- Zurückhaltung beim Reden, wenig Lenkung-Dirigierung des Gespräches, keine Anweisungen

- Nicht verletzend, nicht kritisierend

- Schwächen und Ungünstiges beim Belasteten nicht bewertend, als Realität akzeptierend

- Sensible Einfühlung, verstehend, was der Belastete auszudrücken sucht

- Ruhig, entspannt (ohne Distanzierung), im Sprechen beruhigend wirkend, weitgehend angstfrei gegen über leidvollen Erfahrungen des Belasteten

- Neue Sichtweisen ermöglichend, Anregungen gebend. Mitteilung wichtiger Informationen.«

Hilfreiche Christen tun noch mehr:

- Sie hören betend auf Gottes Reden und besinnen sich auf seine Zusagen in der Bibel.

- Sie beten für den Belasteten und segnen ihn.

- Sie weisen den Sorgenvollen auf die Liebe Gottes, seine Angebote und die guten Lebensmaßstäbe der Bibel hin.

- Sie bieten dem Hilfesuchenden ihre praktische Unterstützung an.

4.3 Führen durch Gewinnen – Motivation

Wozu wollen **Gruppenleiter**/innen die Mitglieder motivieren? Dieser Frage ging ich in meiner Umfrage nach. Hier das Ergebnis.

Was erwarten Sie von den Gruppenmitgliedern?
Die Haupterwartung richtet sich bei den meisten Gruppenleiter/innen auf

- Mitarbeit und Beteiligung am Gruppengeschehen:
  Mitdenken, Ideen, Impulse, Motivation, Kritik, Feedback, Engagement

Wenig dahinter folgen die Erwartungen:

- Offen für neue Erkenntnisse:
  echte und ehrliche Offenheit, Bereitschaft zur Veränderung und Selbstreflektion, Lernbereitschaft, Interesse an der Bibel und ethischen Fragen

- Interesse an den anderen Teilnehmern:
  einander zuhören, offen für den anderen, Toleranz, Verantwortung füreinander, Verständnis, Vertraulichkeit, Verschwiegenheit, Fürbitte

- Verbindlichkeit:
  regelmäßiges Kommen, Verläßlichkeit, pünktliches Kommen

Da die Teilnahme an den Gruppentreffen freiwillig ist, können alle Beteiligten ein gemeinsames Grundinteresse an Glaubens- und Lebensfragen voraussetzen.

- Wenn ich als Gruppenleiter einzelne Teilnehmer nicht für etwas Neues gewinnen konnte, muß ich zunächst davon ausgehen, der Grund dafür liegt in meiner Kommunikation.

- Ich habe die Teilnehmer nicht erreicht.

- Ich war nicht überzeugend genug.

- Bin ich selbst überzeugt?

- Meine Begeisterung und Erwartungen wirkten offenbar nicht ansteckend und mitreißend.

- Habe ich den falschen Ton gewählt?

- Habe ich falsche, unpassende, zu hohe Erwartungen?

Durch Motivation will ich das Verhalten der Gruppe oder einzelner Mitglieder verändern. Jedes Verhalten setzt ein Motiv voraus und hat ein Ziel.

Motiv **Verhalten** **Ziel**

Weder Motiv noch Ziel muß dabei dem Menschen bewußt sein. Ein Beobachter kann nie das Motiv und auch nie das eigentliche Ziel des Verhaltens eines anderen Menschen genau wissen. Er kann nur Vermutungen und Spekulationen darüber anstellen.

Soll ein Teilnehmer sein Verhalten ändern, muß ich ihn auf irgendeine Weise dazu bewegen, sein altes Verhalten zugunsten des neuen Verhaltens aufzugeben.

Aufgrund seiner Lebenserfahrung und Menschenkenntnis nimmt der Gruppenleiter an, zu wissen, warum ein Teilnehmer sich so und so verhält, welches Bedürfnis er damit befriedigt, welches Motiv der Teilnehmer hatte. Der Gruppenleiter kann nun daran anknüpfen und dem Teilnehmer ein neues Ziel anbieten und es ihm wärmstens empfehlen. Je besser der Teilnehmer sich das Ziel vorstellen und ausmalen kann, desto eher wird er zu einem neuen Verhalten bereit sein, um eben dieses Ziel anzustreben. Ist der Wunsch (Motivation), das neue Bedürfnis zu befriedigen, übermächtig geworden, wird er mit seinem neuen Verhalten beginnen. Lob, Streicheleinheiten, positive Erfahrungen, Versprechungen halten seine Motivation und sein Bemühen aufrecht. Das neue Verhalten wird mehr und mehr eingeübt und kann zu einer neuen Haltung und Einstellung werden.

Will ich das Verhalten eines Mitmenschen dauerhaft ändern, ist es zwar naheliegend, aber nicht erfolgversprechend, an dem alten Verhalten herumzumäkeln, es zu kritisieren, abzuwerten und mit Strafe zu drohen. Der so kritisierte Mitmensch fühlt sich meistens gekränkt, angegriffen und reagiert verärgert. Er verteidigt sich entsprechend. Bis jetzt war er mit seinem Verhalten zufrieden. Es war seine Methode, sein Ziel zu erreichen, sein Bedürfnis zu befriedigen. Jetzt kommt jemand und will ihm seinen »Schnuller« wegnehmen. Mit moralischen Druck, Appellen und der Androhung von Strafen und Liebesentzug – dann verlierst du meine Sympathie! – wird der Gruppenleiter einen Teilnehmer vielleicht zu einer kurzfristigen Verhaltensänderung nötigen können, aber gewinnen wird er ihn auf diese Weise nicht. Statt des »Schnullers« muß der Gruppenleiter etwas besseres, verlockenderes, sinnvolleres anbieten.

Beispiel:

Gruppenmitglied Herr Gemütlich zeigt Interesse an der Gruppe und den Gesprächsthemen, aber verharrt in einer Konsumentenhaltung: »Mal schau'n, was der Abend so bringt!« Der Gruppenleiter will ihn aus dieser Lethargie herausholen und zur aktiven Mitarbeit motivieren. Er wertet das Verhalten von Herrn Gemütlich nicht ab und kitzelt ihn nicht mit »Nadelstichen« und ironischen Bemerkungen. Der Gruppenleiter holt Herrn Gemütlich bei seinem alten Verhalten ab und versucht, ihm das neue Ziel schmackhaft zu machen:

»Herr Gemütlich, Sie haben an den letzten Treffen interessiert teilgenommen. Sie wirken auf mich sehr kompetent. Könnten Sie sich nicht vorstellen, uns in einem Treffen in ein Thema einzuführen und die Gesprächsleitung zu übernehmen? Wir sind gespannt, wie Sie das machen werden! Bisher haben diejenigen, die ein Thema vorbereitet haben, davon immer stark profitiert. Ich würde mich freuen, wenn Sie sich das überlegen könnten. Wir brauchen ein weites Spektrum an Sichtweisen. Sie haben uns sicherlich Wichtiges zu sagen. Wenn Sie noch Literatur brauchen oder Fragen haben, kommen Sie bitte auf mich zu ...«

altes Motiv	**altes Verhalten**	**altes Ziel**
unverbindliches Interesse	zuschauen mitreden	interessante Unterhaltung
neues Motiv	**neues Verhalten**	**neues Ziel**
verbindliches Interesse	Thema erarbeiten Gespräch leiten	innerer Gewinn Wertschätzung

Zusammenfassung:

Erfolgreiche Motivation geschieht zum großen Teil auf der Beziehungs- und Gefühlsebene. Mit rein sachlichen, abstrakten, kalten Argumenten allein läßt sich keine Gruppe für etwas nachhaltig motivieren. Erst mit Gefühl und starken persönlichen Anteilen kommt Freude auf und die Teilnehmer werden offen für neue Verhaltensweisen.

Wer Veränderungen im Verhalten bei anderen bewirken will, muß Sinn und persönliche Gewinnsteigerung bieten.

Das Gruppenmitglied soll für sich erkennen:
Das neue Verhalten ist gut für mich;

- es ist im Sinne Gottes;
- es ist ein Gewinn,
- es macht mir Freude;
- es hat seinen Preis, aber es ist eine Herausforderung für mich;
- es steigert mein Selbstwertgefühl und die Wertschätzung durch die anderen.

Das höchste Motiv und Ziel mit dem ein Gruppenleiter Mitglieder für ein neues Verhalten gewinnen kann, ist nicht zuerst öffentlicher Erfolg und Anerkennung. Viel gewichtiger und wertvoller sind persönlicher innerer Gewinn, Stärkung und Wachstum der Glaubensbeziehung und Erfüllung des Auftrages Jesu an seine Leute, seine Botschaft den Mitmenschen glaubwürdig weiterzusagen, und sie in seine Gemeinde einzuladen.

Motivieren durch Druck, Drohungen und moralischen Appellen hat meist nur kurzzeitigen Erfolg und macht die Menschen unzufrieden. Soll dieses erzwungene Verhalten länger andauern, sind ständig weiterer Druck und Kontrollen nötig. Ist es gelungen, Menschen durch Gewinnen zu motivieren, ist kein Druck oder Drohen mit Strafe nötig; die Menschen handeln aus Überzeugung.

4.4 Umgang mit stark verhaltensauffälligen Teilnehmern

Halten sich Gruppenmitglieder oder Gäste nicht an die üblichen Umgangsformen und stören so erheblich das Gruppengeschehen, stellt das die Gruppe vor große Probleme.

Zuerst ist der Gruppenleiter gefordert. Von ihm erwartet die Gruppe, daß er eingreift und den Störenfried und Normverletzer möglichst schnell zurecht bringt. Gelingt das nicht mit einem taktvollen kurzen Hinweis, werden die anderen Mitglieder beunruhigt, Ängste, Aversionen und Aggressionen entstehen. Die Gruppe schließt sich enger zusammen und bildet eine Front gegen den Störer. Die Ohnmacht, dem Normverletzer ziemlich hilflos ausgeliefert zu sein, macht wütend.

Das Ziel des Gruppentreffens gerät in Gefahr. Ein geregelter Ablauf wie gewohnt ist nicht mehr möglich. Einige »Hardliner« aus der Gruppe würden am liebsten den Störer sofort entfernen. Andere »liebevolle« sanftmütige Gruppenmitglieder wollen auf jeden Fall einen Konflikt vermeiden. Wieder anderen könnte die Spannung unerträglich werden und sie werden gehen.

Eine brenzlige Situation. Der Gruppenleiter gerät unter Druck.

Was kann er tun?

Normverletzer haben meistens nicht das Ziel, das Gruppentreffen zu sprengen. Eigentlich wollen sie nicht stören. Häufig sind sie sich nicht der Folgen ihres auffälligen Verhaltens bewußt. Für sie ist vielleicht sogar manchmal dieses Verhalten normal, und sie versuchen so, ihre Bedürfnisse zu befriedigen.

In irgendeiner Form ist es meist ein Hilfeschrei: Ich bin auch da! Seid lieb zu mir!

Der Gruppenleiter muß als erstes dem auffälligen Teilnehmer sein störendes Verhalten bewußt machen und ihm normgerechte Möglichkeiten für seine Bedürfnisbefriedigung anbieten. Er schlägt dem Störer ein »Geschäft« vor. Der Normverletzer paßt sich den Verhaltensregeln der Gruppe an und bekommt dafür zu einem geeigneten Zeitpunkt mehr Aufmerksamkeit und Zuwendung.

Damit der Gruppenleiter eine wirksame Lösung vorschlagen kann, klärt er schnellstens für sich folgende Fragen:

- Welches Motiv, Bedürfnis, könnte der Störer haben?
  Was hat er davon, wenn er sich so auffällig benimmt?

- Was braucht er?
  Wie kann er das bekommen, ohne den Ablauf des Treffens auf den Kopf zu stellen?

Der Gruppenleiter und die Gruppenmitglieder sind bemüht, einerseits dem Normverletzer zu helfen, sein Verhalten anzupassen, anderseits wollen sie, den Ablauf des Treffens nicht von dem Störer bestimmen lassen.

- Welche Mittel zum Einschreiten stehen einer christlichen Gruppe zur Verfügung?

- Wieviel muß eine Gruppe bereit sein auszuhalten?

- Wo sind die Grenzen?

- Wer legt die Grenzen fest?

- Wie sind die Grenzen durchzusetzen?

Jesus sagt:
»Kommt her zu mir, alle, die ihr mühselig und beladen seid; ich will euch erquicken« (Mt 11, 28).
»Liebet eure ›Feinde‹!« – »Seid geduldig!« ...

Für den Gruppenleiter entsteht ein meistens nicht befriedigend zu lösender Konflikt:

- Er will dem Störer helfen und ihn liebevoll zu einem der Situation angepaßten Verhalten bewegen.

- Ist er dabei zu nachsichtig mit dem Auffallenden, ändert dieser unter Umständen nicht sein Verhalten, und die Gruppe kann ihr für dieses Treffen gestecktes Ziel nicht erreichen.

- Weist der Gruppenleiter den Störer sehr energisch zurecht und droht ihm mit sofortigem Rausschmiß und Hausverbot, kann der Konflikt eskalieren. Einige Gruppenmitglieder werden das Einschreiten des Gruppenleiters als überzogen und lieblos empfinden.

Der Gruppenleiter und meistens auch die Gruppenmitglieder fühlen ihre Hilflosigkeit und sehen sich dem Normverletzer recht ohnmächtig ausgeliefert. Wut, Ärger, Ängste, Mitleid, Ratlosigkeit können bei allen beteiligten Personen mehr oder weniger stark entstehen und lassen unbedachte Reaktionen befürchten.

Ist der Störer kein ständiges Mitglied der Gruppe, sondern ein »Überraschungsgast«, kommt es für die Gruppe zur »Nagelprobe« ihrer Barmherzigkeit und Nächstenliebe.

Im akuten Überraschungs-Störfall stehen dem Gruppenleiter und der Gruppe nur wenige Mittel zur friedlichen Lösung des Konflikts zur Verfügung:

- Der Gruppenleiter weist zunächst den Störer freundlich zurecht und teilt ihm mit, wie sein Verhalten auf die Gruppe wirkt.

- Der Gruppenleiter erkundet, warum der ungewöhnliche Gast sich so verhält.

- Der Gruppenleiter macht dem Störer ein Angebot, was dessen Bedürfnissen entsprechen könnte, z. B.: Er räumt ihm besondere Redezeiten ein.

- Er verspricht, mit ihm im Anschluß an den offiziellen Teil noch gesondert zu sprechen, oder er sagt ihm ein Treffen zu einem anderen Termin zu.

- Der Gruppenleiter läßt Kleinstgruppen bilden und geht selbst in die Gruppe mit dem Störer.

- Der Gruppenleiter beendet den offiziellen Teil des Treffens.

- Der Gruppenleiter bittet den Störer, das Treffen zu verlassen und bietet die Begleitung durch ein Gruppenmitglied an.

Kommt ein Störer trotz der Konflikte – vielleicht auch wegen der Konflikte – öfters zu den Gruppentreffen, und die Gruppe schließt ihn nicht aus, so bleiben grundsätzlich nur zwei Möglichkeiten für die Auseinandersetzung mit dem Normverletzer:

- Der Störer bleibt in der Gruppe. Er verspricht und versucht es auch, sich weitgehend anzupassen. Er bekommt Hilfen dazu. Die Gruppenmitglieder sind bereit, Rückfälle bis zu einem gewissen Grad und für eine bestimmte Zeit geduldig auszuhalten.

- Die Gruppe akzeptiert das Verhalten des Normverletzers und läßt ihn gewähren.

Wollen eine Gruppe und ihr Gruppenleiter dem Störer Einhalt gebieten und Grenzen setzen, haben aber nicht die Kraft dazu, wird sich die Gruppe vermutlich in absehbarer Zeit auflösen.

Hat eine Gruppe tatsächlich die Kraft und Ausdauer, die Störungen des Normverletzers geduldig auszuhalten, muß das für den Störer nicht unbedingt hilfreich sein. Wenn er in der Lage ist, sein Verhalten zu ändern, sollte die Gruppe dem Konflikt mit dem Normverletzer nicht aus Furcht aus dem Weg gehen. Im Gegenteil, aus Liebe zu dem Störer sollte die Gruppe ihn ernst nehmen und sich mit ihm auseinandersetzen.

Ist der Verhaltensauffällige schwer krank oder in irgendeiner Form behindert und kann sein Verhalten nicht wesentlich ändern, muß der Gruppenleiter immer wieder die Mitglieder in ihrer Bereitschaft, die Störungen zu ertragen, ermutigen und stärken.

Neue Teilnehmer darf der Gruppenleiter nicht vergessen, auf die besondere Situation behutsam vorzubereiten.

Mögliche Hilfen für Verhaltensauffällige, die ihr Verhalten den Maßstäben der Gruppe anpassen wollen:

- Der Störer und sein Verhalten darf nicht zum Dreh- und Angelpunkt des Gruppengeschehens werden. Das auffällige Verhalten wird dadurch nur verstärkt. Der Störer wird zum »Star«.

- Ein Gruppenmitglied wird zum direkten Ansprechpartner, Begleiter, Betreuer für den Störer benannt. Nur mit Wissen und Zustimmung dieses Betreuers laufen alle Hilfsmaßnahmen der Gruppenmitglieder und Gemeinde für und mit dem sich anpassenden Normverletzer.

- Der Betreuer spricht mit dem hilfesuchenden Störer und erarbeitet mit ihm Verhaltensstrategien. Sie treffen Absprachen; schließen »geheime Verträge« mit Sanktionen und Belohnungen; z. B.: Wenn es dem Ex-Störer gelingt, eine gemeinsam beschlossene für ihn schwere Auflage eine bestimmte Zeit lang einzuhalten, gehen beide gemeinsam essen.

Folgende Fragen müssen geklärt werden:

- Was erwartet er von der Gruppe?
- Was sind seine Bedürfnisse und Ziele?
- Was ist er bereit zu verändern?
- Was können Gruppenmitglieder für ihn tun?
- Wozu ist die Gruppe bereit?
- Wo sind Grenzen?
- Inwieweit stimmen seine Ziele mit denen der Gruppe übercin?
- Was sind die ersten Schritte? Nahziele formulieren?
- Wie Zielkontrollen festlegen!

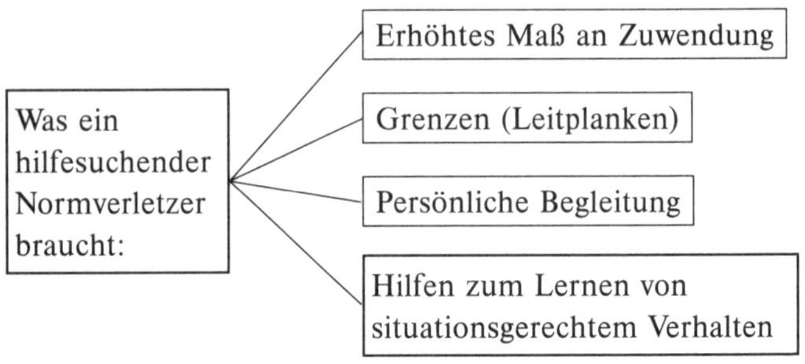

Ist der Normverletzer nicht fähig oder willens, sein Verhalten zu ändern, und ist die Gruppe nicht in der Lage, das störende Verhalten länger auszuhalten, bleibt nur der Ausschluß von dem Gruppentreffen. Wenn wir als Gruppe und Gemeinde den Auftrag Jesu, für alle Menschen da zu sein, nachkommen wollen, dürfen wir es niemals bei der bloßen Aussperrung belassen.

Wir müssen Phantasien entwickeln und dem Störer ein Alternativangebot anbieten; z. B.: offene Gruppen, Gemeinde-Bistro, Freizeitveranstaltungen, Sport ...

Auf jeden Fall soll ein mit der Betreuung beauftragtes Gruppenmitglied versuchen, den Kontakt zu halten und ihn liebevoll zu begleiten.

Auch ein Normverletzer hat seinen Platz in der Gemeinde Jesu. Wo?

Jesus hat seine Normen sehr weit und großzügig gesteckt.

Sehr zum Ärgernis der frommen Gerechten damals.

Und heute?

Schließen wir nicht Störer oft um unserer Herzens Härtigkeit zu früh aus? Meiden wir sie und ekeln sie durch Nichtbeachtung = Verachtung hinaus?

In fast allen gesellschaftlichen Gruppen werden heute zunehmend Nichtangepaßte, negativ auffallende Menschen, Behinderte ausgesperrt und abgeschoben.

Die Liebe in den Herzen ist kräftig am Erkalten! (Mt. 24, 12).

Die christlichen Gruppen sind vielerorts nur noch die einzigen öffentlich zugänglichen Kreise für nichtnormale Menschen.

Die Anzahl der problematischen Menschen, die in unsere Gruppen in den Gemeinden drängen, wird weiterhin rapide zunehmen.

- Wie stellen sich Gemeinden darauf ein?

- Werden die Gruppenleiter/innen vorbereitet und geschult?

Gemeinde für Kirchenferne wollen wir sein; sind damit auch die Störenfriede, Normverletzer, psychisch Kranken und Behinderten gemeint?

In den vielen Gemeindeaufbauprogrammen und in der Literatur über das Gemeindewachstum habe ich zu diesem Themenbereich keine Beiträge gefunden.

Fragen

☞ Wie reagiere ich auf verhaltensauffällige Menschen?

☞ Wie reagiere ich auf Störenfriede in der Gruppe?

☞ Wie will ich reagieren?

☞ Wie ist meine Gruppe auf Menschen mit nicht normalen Verhalten vorbereitet?

5 Co-Leiter zu Gruppenleitern heranbilden

Eine der wichtigsten Aufgaben des Gruppenleiters ist es, einen Co-Leiter heranzubilden. Er kann gar nicht früh genug damit beginnen. Der Co-Leiter soll nicht der Stellvertreter des Gruppenleiters werden. Dieses Amt kann ein anderes Gruppenmitglied übernehmen. Der Co-Leiter hat nicht zuerst die Aufgabe, den Gruppenleiter bei allen anstehenden Arbeiten zu unterstützen, sondern er soll sich darauf vorbereiten, nach einiger Zeit (1 – 2 Jahre?) selbst eine Gruppe zu beginnen. Hat die »Muttergruppe« z. B. 12 feste Teilnehmer, bilden 3 oder 4 Mitglieder und der Co-Leiter eine neue Gruppe.

Zunächst können beide Gruppen noch eng zusammenarbeiten, sich gelegentlich treffen und ihre Erfahrungen austauschen. Auch steht der »alte« Gruppenleiter dem »Neuen« mit Rat und Tat weiterhin zur Seite.

Ist dieses »Fortpflanzungssystem« der Gruppe bekannt und wird von den Gruppenmitgliedern akzeptiert, bleiben der Gruppe viele – zum Teil unnötige – Diskussionen und Probleme einer Teilung erspart. Auch die Gefahr, zur »nur gemütlichen Wohnzimmergruppe«, die um sich selber kreist und auf die schlimme Welt schimpft, zu verkümmern, wird weitgehend ausgeschlossen. Das wichtige Ziel der Gruppe, Wachstum durch Teilung, bleibt den Gruppenmitgliedern durch die Gegenwart des Co-Leiters stets vor Augen.

Wer wird Co-Leiter?

Unter Gebet, Nachdenken, Beobachten, Einzelgesprächen und Erörterungen in der Gruppe wird der Gruppenleiter – gegebenenfalls in Absprache mit der Gemeindeleitung – einzelne aus der Gruppe ansprechen und sie für die Co-Leiteraufgabe zu gewinnen suchen.

Das Problem, aus mehreren möglichen »Kandidaten« den richtigen Co-Leiter herauszufinden, stellt sich in der Praxis leider selten. Sollten sich wirklich mehrere Teilnehmer der Gruppe ernsthaft dafür interessieren und von ihrer emotionalen Intelligenz (sprich: den sozialen Fähigkeiten und der Menschenkenntnis) und geistigen und geistlichen Begabung her gesehen, dafür in Frage kommen (s. Kap. 2), sollte jedem die Möglichkeit geboten werden, seine Gaben zum Co-Leiter zu testen und weiter zu entwickeln. Werden es für die eine Gruppe zu viele Azubi-Co-Leiter, können sie zu anderen Gruppen wechseln.

Der Gruppenleiter überträgt für eine gewisse Zeit nach und nach dem Co-Leiter wichtige Aufgaben. Er bespricht mit ihm alle Fragen. Er gibt dem Co-Leiter Rückmeldung, macht ihm Mut und stärkt ihn als ganze Person. So hat der Co-Leiter viele Chancen, Erfahrungen zu sammeln und sich selbst in der neuen Aufgabe zu erproben. Dies ist die effektivste und beste Methode, neue Mitarbeiter an neue Aufgaben und Herausforderungen heranzuführen.

Einen Co-Leiter, zu einem Gruppenleiter heranzubilden und zu begleiten, ist eine großartige und bereichernde, anstrengende, zeitaufwendige, manchmal auch mühsame, Aufgabe. Soll der Co-Leiter nicht nur das »Handwerkszeug« und die Methoden der Gruppenleitung erlernen, sondern auch das geistige und geistliche Rüstzeug dafür verinnerlichen, brauchen beide viel Zeit für Gespräche, für gemeinsames Suchen nach den besten Lösungen von Problemen und für das gemeinsame Gebet.

Wenn es mir als Gruppenleiter ein Anliegen ist, mein Wissen und meine Erfahrungen an den Co-Leiter weiterzugeben, werde ich immer herausgefordert, mein eigenes Leiterverhalten und meine Gesinnung zu hinterfragen und auf Echtheit und Effizienz zu überprüfen:

- Was hat sich bisher bewährt?

- Was ist wirklich wichtig?

- Worauf kommt es an?

- Was bleibt?

- Was von meinen Erfahrungen und Erkenntnissen ist für den Co-Leiter für seine zukünftige Aufgabe von Bedeutung und bringt ihn persönlich weiter?

Diese Auseinandersetzung mit mir selbst, dem Co-Leiter und der Gruppe hält mich in Bewegung, verhindert mein Einrosten und Verharren in festgefahrenen Strukturen; und das Wichtigste, mir bleibt bewußt, ich bin ein Lernender. Gemeinsam mit dem Co-Leiter lerne, bete und arbeite ich für das Wohl und Heil der Gruppenmitglieder.

Beide, der Gruppenleiter und Co-Leiter, stoßen in diesem Lernprozeß, wenn sie offen und ehrlich miteinander umgehen, immer wieder an ihre Grenzen. Hierdurch wird beiden bewußt, wie abhängig sie von der Leitung durch den Heiligen Geist sind. Diese Haltung der Demut ist die beste Voraussetzung für eine segensreiche Zusammenarbeit und ein erfolgreiches Lernen.

6 Kurskorrekturen

Anstöße und Hilfen für Gruppenleiter/innen und Gruppen

Wollen Gruppenleiter/innen nicht mit der Zeit einfach vor sich hindümpeln, brauchen sie das Feedback der Gruppenmitglieder. Auch unterziehen sie sich und die Gruppe in bestimmten Abständen und bei aktuellem Bedarf eines besonderen Checks. Sie fahren ihr Schiff ins Trockendock, überprüfen alle wichtigen Teile. Sie besehen es von allen Seiten – insbesondere die Seiten, die sonst unter Wasser sind. Sie nehmen die notwendigen Reparaturen vor und lassen mit neuem Schwung das Schiff wieder zu Wasser.

Da ständig die Gefahr der Betriebsblindheit, der Fixierung auf sich selbst und des Einschleichens schlechter Gewohnheiten besteht, muß die Gruppe und ihr Leiter sich sowohl auf eine Form der Selbstkritik verständigen als auch offen sein für Anregungen und Kritik von außen. So bleibt den Gruppenleiter/innen und den Teilnehmern der Weit- und Überblick und die Sicht auf das Ganze erhalten. Fehlentwicklungen können auf diese Weise früh erkannt und behoben werden.

Nehmen Gruppenleiter/innen ihre Aufgabe ernst, sind sie ständig hart gefordert und vielfachen Konflikten ausgesetzt. Sie stoßen häufig an ihre Grenzen. Sie brauchen Hilfen, Stärkung, Korrektur, Begleitung. Sie können nicht nur immer die Gebenden sein. Das Mindeste ist der regelmäßige Austausch mit anderen Gesprächsleiter/innen und die Unterstützung durch die Gemeindeleitung.

Informationen für Kurskorrekturen

Hilfen für die Umsetzung

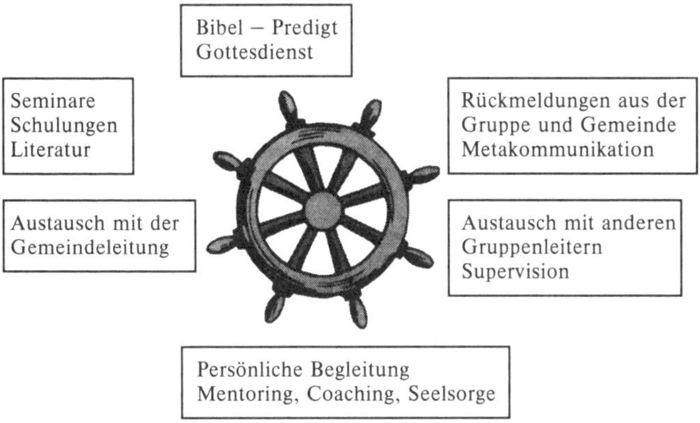

6.1.1 Feedback geben und entgegennehmen

Beim Feedback geben und nehmen sind die in Kapitel 3 dargestellten Regeln der Kommunikation in besonderer Weise zu beachten. Die Gefahr, sich gegenseitig zu verletzen, abzuwerten und mißzuverstehen ist besonders groß. Das Feedback durch die Gruppenmitglieder hilft, uns selbst und die Umwelt realistisch wahrzunehmen. Ob wir das Feedback als hilfreich oder mehr als Angriff empfinden, hängt stark von der sprachlichen Form ab, wie es abgefaßt ist und von der Art und Weise, wie wir es aufnehmen. (Vier Seiten einer Nachricht / Vier Ohren des Empfängers)

Ein Feedback in der Gruppe, das weiterhelfen und aufbauen soll, hat folgende Merkmale:

- Der Feedback-Empfänger muß willens und in der Lage sein, das Feedback aufzunehmen.

- Zuerst wird immer das Positive genannt, danach das Negative!

- Pauschalkritik hilft nicht weiter, Das Feedback muß möglichst konkret sein und an bestimmten Punkten festgemacht werden.

- Das Feedback muß eindeutig sein. Es muß klar unterschieden werden zwischen dem, was ich sehe und wahrnehme, was ich dabei fühle und was ich vermute. Eine Vermischung dieser Bereiche schafft unweigerlich unnötige Verständigungsprobleme. Was habe ich beobachtet, wahrgenommen?
  Was hat das für Empfindungen bei mir geweckt?
  Welche Schlüsse, Vermutungen ziehe ich daraus?
  Was hat das für Konsequenzen für mich und eventuell für die Gruppe??

- Wie ich zu dir, so du auch zu mir!
  Wie und über was ich dem anderen Rückmeldung gebe, so hat auch er die Freiheit, mir Feedback zu geben, ohne daß ich »beleidigt« bin, z. B.: Auch ein Fachtheologe, der einen Beitrag eines »Laien« kritisiert, muß sich gefallen lassen, wenn ein Beitrag von ihm kritisch hinterfragt wird.

- Feedback ist am wirkungsvollsten, wenn die Eindrücke noch frisch sind. Gebe ich meine Rückmeldung unmittelbar nach dem Anlaß, wird es nicht durch zusätzliche spätere Eindrücke verfälscht.

- Feedback in Hetze und unter Zeitdruck ist gefährlich. Mißverständnisse sind vorprogrammiert.

Feedback geben heißt: Ich teile dem anderen meine Eindrücke, Empfindungen und meine Schlußfolgerungen mit.

Dabei sollte mir und auch dem Empfänger immer bewußt sein, mein Feedback basiert einzig und allein auf meiner subjektiven Wahrnehmung und Erfahrung. Was der Empfänger aus meiner Rückmeldung macht, bleibt ihm überlassen. Ich versuche nicht, den anderen durch Ratschläge, Rezepte oder Anweisungen in eine bestimmte Richtung zu drängen. Ich sage schon: »Ich würde so oder so handeln.« Ich sage nicht und will es auch nicht denken: »Du mußt das so oder so machen, dann bist du fein raus.«

Feedback entgegennehmen

- Ein »offizielles« gemeinsames Feedback in der Gruppe darf es nur geben, wenn der Empfänger es wünscht und sich dazu auch in der Lage fühlt.

- Genau hinhören und den Feedbackgeber beobachten. Da ich sehr an den Rückmeldungen der anderen Gruppenmitglieder interessiert bin, nehme ich zunächst jede Rückmeldung so an, wie sie kommt.

- Ich verzichte darauf, mich zu verteidigen oder »falsche« Eindrücke zurechtzurücken. Allenfalls vergewissere ich mich, ob ich die Rückmeldung richtig verstanden habe.

- Frühestens am Ende der Feedbackrunde nehme ich zu einigen Aussagen Stellung.

- Um manche Einzelmeinung richtig einordnen und gewichten zu können – denken andere auch so? – bitte ich andere Mitglieder um ihre Meinung zu diesem mir wichtigen Punkt.

6.1.2 Feedback für Gruppenleiter/innen von der Gruppe

Das erste, was ein Gruppenleiter für eine eventuelle Kurskorrektur braucht, ist das Feedback von den Gruppenmitgliedern. Eine Rückmeldung, die nur eine Stimmung wiedergibt, »Ja, es war gut heute. Es hat mir was gebracht.«, reicht dem Gruppenleiter für eine gewissenhafte Überprüfung seiner Arbeit nicht aus. Er braucht Meinungen, Eindrücke, Empfindungen der Teilnehmer, die möglichst an konkreten Vorfällen festgemacht sind.

Entweder macht der Gruppenleiter sich selbst und seine Art der Gruppenleitung zum Gesprächsthema und/oder befragt die Gruppe in schriftlicher Form mit einem Fragebogen (s. auch vom selben Autor »Arbeitsbuch für Gesprächsleiter – fix, aber nicht fertig«,Kapitel. 10, Wir über uns – Gruppencheck).

Mögliche Fragen:

- Was gefällt Ihnen an meiner Art, die Gruppe zu leiten?

- Was sollte ich anders und besser machen?

- Drücke ich mich klar und deutlich aus oder sind für Sie manchmal meine Äußerungen mißverständlich?

- Bin ich aus Ihrer Sicht mehr ein Kopf- oder Gefühlsmensch?

- Auf welchem meiner »vier Ohren« bin ich besonders empfindlich?

- Inwieweit halte ich mich an die Gruppenvereinbarungen und Zielvorgaben?

- Führe ich die Gruppe eher zu stark oder eher zu schwach?

- Wie gehe ich auf die Wünsche und Bedürfnisse der einzelnen Gruppenmitglieder ein? (zuviel, angemessen, zu wenig)

- Fühlen Sie sich von mir angenommen und verstanden? (immer, meistens, selten, nie)

- Spreche ich Sie mehr auf der Verstandes- und Sachebene oder mehr auf der Gefühlsebene an?

- Welche Aufgaben sollte ich an Gruppenmitglieder abgeben?

Wenn mehrere Gruppenleiter eine Befragung dieser Art in ihren Gruppen durchgeführt haben, können sie sich darüber austauschen. Sicherlich wird jeder für seine Person und Leitungsverhalten wichtige Impulse bekommen.

6.1.3 Metakommunikation

Wie wir in der Gruppe miteinander umgehen

Metakommunikation, diese Form des Feedbacks bezieht sich nicht zuerst auf Inhalte, sondern auf die Art und Weise, wie die Gruppenmitglieder miteinander kommunizieren. Das Bild von dem Schiff auf dem Trockendock ist dafür ein sehr passender Vergleich. Das Schiff ist die Gruppe. Das aufgebockte Schiff kann von allen Seiten genau begutachtet werden; Lecks und Roststellen werden beseitigt. Die technischen Anlagen werden überholt. Das ganze Schiff wird richtig hergerichtet und wieder voll seetüchtig gemacht. Wenn alle Schäden behoben und die neuen Teile eingebaut sind, wird das Schiff feierlich zu Wasser gelassen.

Etwa alle drei Monate ist eine routinemäßige Metakommunikation für eine Gruppe dran. Die Teilnehmer besehen sich ihr Schiff von allen Seiten, dann untersuchen sie die »Innereien« genau und berichten ihre Ergebnisse möglichst wertfrei und sachlich. Noch geht es nur um die Bestandsaufnahme. Erst wenn die Beobachtungen zu einem Vorgang vollständig und offen auf dem Tisch liegen, versucht die Gruppe eine Gewichtung des Problems, untersucht die Ursachen und berät über Lösungen und praktische Konsequenzen. Die Ergebnisse werden in einem »Gruppenbuch« festgehalten. Die Umsetzung der Beschlüsse wird vom Gruppenleiter oder besser von einem Sonderbeauftragten aus der Gruppe fortlaufend »kontrolliert«. Bei Verzug oder Nichteinhaltung der Vorhaben legt die Gruppe eine extra Meta-Runde ein, um darüber zu sprechen

Mögliche Fragen für eine Metakommunikation:

- Mit dem Vergleich der Gruppe mit einem Schiff läßt sich gut ein Gespräch mit der Gruppe über die Gruppe führen: Mit was für einem Schiff wollen wir unsere Gruppe vergleichen?
  Wie sieht unser Schiff aus? Hat es Lecks?
  Was muß alles repariert werden?
  Auf einem Schiff leben und arbeiten verschiedene Menschen mit unterschiedlichen Aufgaben (Kapitän, Steuermann, Matrosen, Passagiere).
  Mit welchem Menschen auf einem Schiff vergleichen Sie die einzelnen Gruppenmitglieder?
  Damit nicht Mißverständnisse und wilde Phantasien bei den Zuhörern geweckt werden, erklärt jeder seine bildhaften Vergleiche selber und erläutert, was er mit dem Bild ausdrücken will.

- Wie gehen wir miteinander um?

- Wie stehen wir zueinander?

- Wie reden wir miteinander?

- Wie halten wir es mit den Grundgesetzen der Kommunikation?

- Wie verfolgen wir unsere Gruppenziele?

- Inwieweit sind wir begeistert? Wovon?

- Wie bearbeiten und lösen wir Konflikte?

- Wie kommen bei uns Entscheidungen zustande?

- Wie ist das Verhältnis von den Gruppenmitgliedern zum Gruppenleiter und umgekehrt?

- Wer macht wie welche Aufgaben?

- Wann haben einige Bedenken, ihre Standpunkte zu vertreten?

- Was macht manchmal unsere Gespräche so gereizt, unfruchtbar, so vorsichtig, so distanziert?

- Warum beteiligen sich einige nur selten am Gespräch?

- Wann und wie kam und kommt es bei uns zu Konflikten?

- Wie und wo kann ich mich stärker einbringen?

- Was ich mir von dir wünsche? Wünsche einzelner Teilnehmer an sich und andere Mitglieder der Gruppe.

- Welche Aufgaben haben wir als Gruppe übernommen? Wie füllen wir sie aus?

6.2 Austausch mit anderen Gruppenleiter/innen

Supervision

Möglichst einmal im Monat treffen sich 6 bis 8 Gruppenleiter/innen, um sich über ihre Erlebnisse und Erfahrungen aus ihrer Arbeit auszutauschen, zu beraten und nach neuen Wegen zu suchen, sich gegenseitig zu trösten, zu stärken, zu ermutigen und im Gebet zu tragen. Bei jedem Treffen dieser »Selbsthilfegruppe« verständigen sich die Teilnehmer/innen auf einen Gesprächsleiter und eine Art Tagesordnung. Von der Selbstdisziplin der Teilnehmer/innen und dem Geschick des gewählten Gesprächsleiters hängt es ab, ob es zu einem wertvollen Austausch oder nur zu einem interessanten, unterhaltsamen, anregenden Gespräch kommt.

Meistens weit ertragreicher und effektiver verlaufen die Treffen der Gruppenleiter, wenn sie einen erfahrenen Gesprächsleiter (Supervisor) von außerhalb für ihre Gruppe gewinnen können. Von außerhalb heißt, der Gesprächsleiter/Supervisor kommt aus einer anderen Gemeinde. Dies hat für die Gruppenleiter/innen den Vorteil, daß sie ihre Probleme freier ansprechen können. Für den Supervisor hat es den Vorteil, daß er unbefangen Fragen stellen und bei Problemen »rücksichtslos« nachbohren kann.

Der Supervisor verpflichtet sich, wie auch die Teilnehmer/innen, zum Stillschweigen über die Gespräche in der Gruppe.

Die Themen der Supervision sind die Probleme, Nöte, Freuden, Konflikte und Fragen, die die Gruppenleiter/innen bezogen auf ihre Aufgabe bewegen.

Das Ziel der Supervision ist die Stärkung, Ermutigung, Korrektur und das Wachstum der Gruppenleiter/innen, damit sie ihre schwere Aufgabe besser, effektiver, kompetenter und gesegneter erfüllen können.

Die Methode der Supervision ist das vertrauensvolle, persönliche, von einem Supervisor gelenkte Gespräch in einer Kleingruppe. Wenn es dem Supervisor wichtig erscheint, faßt er das Gesagte zusammen; bei Unklarheiten bohrt er nach; er sorgt dafür, daß die Gruppe bei dem gewählten Thema bleibt und die Kommunikationsregeln und Gruppenvereinbarungen eingehalten werden.

Der notwendige Zeitaufwand beträgt zwischen zwei und drei Stunden. Der Supervisor ist kein Therapeut, kein »Chefseelsorger«, kein »Guru« oder »Oberschlauer«, er ist eher ein »mitberatender Gesprächsmoderator«, der den Gruppenmitgliedern beisteht, ihre Problemlösungen zu finden.

Er ist für den Schutz und das Wohlergehen jedes einzelnen Gruppenmitgliedes in besonderer Weise verantwortlich.

Der Ablauf einer Supervision

Die Phasen im Ablauf einer Supervision verlaufen meistens sehr ähnlich:

1. Phase: Rückblick.
Was hat Sie nach der letzten Supervision beschäftigt?
Wie ist es Ihnen mit Ihren Gruppen ergangen?
Wie konnten Sie Erkenntnisse umsetzen?

2. Phase:
Die Teilnehmer schlagen Themen für die heutige Sitzung vor. Die Gruppe einigt sich auf ein Thema/Problem, den Ablauf und den zeitlichen Rahmen.

3. Phase:
Derjenige, der das Thema eingebracht hat, begründet und erklärt sein Problem. Er formuliert seine Erwartungen an die Gruppe.

4. Phase:
Die Teilnehmer erörtern das Problem, betrachten es von allen Seiten; sie stellen die Bezüge zu ihren persönlichen Erfahrungen her; sie denken darüber nach, was das Thema für die Gruppe, die Gemeinde und den Glauben bedeuten kann. Sie erarbeiten gemeinsam verschiedene Lösungsmöglichkeiten.

5. Phase:
Die Ergebnisse werden gewichtet, Ziele festgelegt und erste konkrete Schritte zur Problemlösung vereinbart.

6. Phase: Schlußrunde
Jeder faßt für sich zusammen, was ihm in dieser Sitzung wichtig geworden war und was ihn weiter beschäftigt.

6.3 Persönliche Begleitung und Seelsorge für den Gruppenleiter

Coaching, Mentoring

Wohl dem Gruppenleiter, der einen erfahrenen persönlichen Begleiter hat, der ihm hilft, seine Persönlichkeit zu der von Gott gewollten Gestalt hin zu entfalten; der ihm beisteht, seine Aufgabe als Gruppenleiter optimal auszufüllen. Dieser Begleiter ist ein erfahrener Seelsorger. Ebenso ist er kompetent auf dem Gebiet der Kommunikation und Gruppenpsychologie. Auch mit den Fragen einer Gemeinde, ihren Strukturen und Zielen ist er vertraut. Dieser Begleiter, Coach, betreut und berät einen einzelnen oder eine Kleinstgruppe von 2-5 Gruppenleitern gemeinsam. Die ganzheitliche Begleitung, das Coaching, hat den nicht hoch genug zu bewertenden Vorteil, daß der Gruppenleiter in ständigem Kontakt mit seinem Coach steht. Nicht erst, wenn es brennt, werden schnelle Notlösungen gesucht und die Schadensbegrenzung steht im Vordergrund, sondern Fehlentwicklungen können schon im Vorfeld vermieden werden. Wachstum und Kontinuität in der Arbeit des Gruppenleiters bleiben weitgehend von Störungen und unnötigen Irritationen verschont.

In dem Buch »Mentoring – Wir brauchen geistliche Väter und Mütter« stellen die Autoren Stanley und Clinton Charakterzüge von Menschen zusammen, die andere beeinflussen. Da diese Merkmale auch für einen Coach zutreffen, zitiere ich die Zusammenstellung (S. 32):

»Leute, die andere beeinflussen, haben einige gemeinsame Charakterzüge:

- Fähigkeit, ein Potential in einer Person zu entdecken

- Toleranz gegenüber Fehlern, Trümmern, Schürfungen und dergleichen, weil sie das Potential sehen, das sich entwickeln könnte.

- Flexibilität, um auf Menschen und Umstände zu reagieren.

- Geduld, weil sie wissen, daß Entwicklung Zeit und Erfahrung braucht.

- Perspektive, dadurch, daß sie eine Vision und die Fähigkeit haben, eine ganze Wegstrecke zu überblicken, und Schritte vorschlagen können, die der Mentorand gehen sollte.

- Gaben und Fähigkeiten, die andere aufbauen und ermutigen. (Mutmacher, z.B. Barnabas, Paulus)

»Die Geistesgaben, die mit Mentoring einherzugehen scheinen, sind: Barmherzigkeit, Geben, Ermahnung, Lehre, Glaube, Wort der Weisheit. Alle diese Gaben beinhalten Ermutigung«, so die Autoren.

Die Gemeindeleitung beruft Männer und Frauen, die diese Gaben und Fähigkeit der Begleitung haben, und bittet sie, das Coaching der Gruppenleiter/innen zu übernehmen.

In gewissen Abständen treffen sich alle Gruppenleiter, die Coaches und die Gemeindeleitung zur gemeinsamen Beratung.

6.4 Austausch und Beratung mit der Gemeindeleitung

Vernetzung und Einbindung der Gruppen in die Gemeinde

Bei den regelmäßigen Treffen der Gemeindeleitung, den Coaches und den Gruppenleiter/innen werden alle Fragen, die über dic einzelne Gruppe hinaus wichtig sind und die gesamte Gemeinde betreffen, beraten und entschieden. Durch den Informationsaustausch und das offene Gespräch wird das Vertrauen untereinander gestärkt. Die Ziele und Vorhaben werden abgesprochen. Jeder lernt, seine Gruppeninteressen im gemeindlichen Zusammenhang einzuordnen und zu gewichten. Hauptaufgabe und wichtigstes Ziel dieser Treffen ist die gegenseitige Ermutigung und Ausrichtung auf die große gemeinsame Aufgabe, den Menschen, der Gemeinde und Jesus zu dienen.
Hauptthema wird bei diesen Beratungen immer wieder sein:

- Wie können die einzelnen Gruppen in das gesamte Gemeindegeschehen einbezogen werden?

- Wie kann das große Potential an Gaben und Möglichkeiten in den Gruppen für den Gemeindebau aktiviert und genutzt werden?

Für eine Vernetzung und Einbindung der Gruppen in die Gemeinde sind folgende Möglichkeiten denkbar:
Regelmäßige Beratung der Gruppenleiter, der Coaches und der Gemeindeleitung. Die Gruppenleiter werden dadurch das Wohl der gesamten Gemeinde nicht aus dem Auge verlie-

ren und auch ihre Gruppenmitglieder entsprechend informieren, was in den anderen Kreisen der Gemeinde abläuft.

Bestimmte Teilbereiche der Gemeindearbeit werden an einzelne Gruppen delegiert. Nicht eine isolierte Person übernimmt die Verantwortung, sondern die ganze Gruppe. Wenn die Gruppenmitglieder die Aufgabe akzeptieren, bleibt ihnen bewußt, wir sind ein Teil der ganzen Gemeinde. Wir tragen unseren Anteil an der Verantwortung für das Ganze.
Beispiele:
Reinigung bestimmter Räume
Briefkontakte zu anderen Gemeinden oder Missionaren
Fahrdienste für Kranke, Senioren abholen und nach Hause bringen
Besuche
Einladen und Betreuen von bestimmten Zielgruppen
Feiern und Feste organisieren
Teile des Gottesdienstes gestalten: Anspiele, Loben, Begrüßung, Vorspann, Gebet ...
Themengottesdienst, ein bestimmtes Missionsland, Umwelt, Studentenarbeit ...

Vernetzung der einzelnen Gesprächsgruppen:

- Gemeinsame Veranstaltungen mit mehreren oder allen Gruppen zu einem bestimmten Thema mit einem Gastreferenten.

- Jede Gruppe erarbeitet ein Teilgebiet eines gemeinsamen Gesamtthemas. Bei einer gemeinsamen Veranstaltung trägt jede Gruppe ihr Ergebnis vor, z. B.: Die Jünger Jesu; die Gebote; Vaterunser; Bilder vom Reich Gottes, Abschnitte der Kirchengeschichte; christliche Politiker in Vergangenheit und Gegenwart ...

- Gemeinsame Workshops und Schulungsabende

- Freizeiten. gemeinsame Wochenenden
- Die Gruppen fordern sich gegenseitig zu einem sportlichen Wettstreit, Quiz, Auto- oder Fahrradrallye ...
- Tausch der Gruppenleiter für ein Treffen (ähnlich wie der Kanzeltausch zwischen Gemeinden)

6.5 Kommunikation in der Gruppe nach biblischem Maßstab

Im fortlaufenden Text des Buches habe ich es vermieden, für jede meiner Aussagen eine scheinbar passende Bibelstelle herauszusuchen, um meine Sicht zu untermauern und damit als absolut wahr und richtig hinzustellen. Der einzige und entscheidende biblisch richtige Maßstab für jede Art der Kommunikation in einer ganzheitlich orientierten Gesprächsgruppe ist, ob sie aus Liebe und in der Gesinnung Jesu geschieht, d. h. ohne Zwang, ohne Bevormundung, in Offenheit und Wahrhaftigkeit und hoher gegenseitiger Wertschätzung.

Hier eine Auswahl von neutestamentlichen Aussagen
Jesus über die Beziehungen untereinander in einer Gruppe von Christen:

»Ein neues Gebot gebe ich euch, daß ihr euch untereinander liebt, wie ich euch geliebt habe, damit auch ihr einander liebhabt. Daran wird jedermann erkennen, daß ihr meine Jünger seid, wenn ihr Liebe untereinander habt« (Joh. 13, 34.35).

Jesus erwartet von seinen Leuten Vollkommenheit. Er geht mit seinen Forderungen für das Zusammenleben in einer Gruppe von Christen weit über das Normalmaß einer intakten Gruppe hinaus. Einige »Gruppengesetze« stellt er auf den Kopf. In der Bergpredigt sagt er:

»Denn wenn ihr die liebt, die euch lieben, was werdet ihr für einen Lohn haben? Tun nicht dasselbe auch die Zöllner? Und wenn ihr nur zu euren Brüdern freundlich seid, was tut ihr Besonderes? Tun nicht dasselbe auch die Heiden? Darum sollt ihr vollkommen sein, wie euer Vater im Himmel vollkommen ist« (Mt. 5, 46-48).

Jesus stellt die Hierachie und »Hackordnung« einer normalen Gruppe voll in Frage: Die Jünger streiten sich darüber, wer der Größte unter ihnen ist. Jesus geht darauf ein und sagt:

»Wer der Kleinste ist unter euch, der ist groß« (Lk. 9, 48).

Bei einer ähnlichen Gelegenheit stellt Jesus klar: Machtdenken, Machtstreben, Kämpfen um Einfluß hat es unter den Jüngern nicht zu geben:

»Ihr wißt, die als Herrscher gelten, halten ihre Völker nieder, und ihre Mächtigen tun ihnen Gewalt an. **Aber so ist es unter euch nicht;** sondern wer groß sein will unter euch, der soll euer Diener sein; und wer unter euch der erste sein will, der soll aller Knecht sein. **Denn** auch der Menschensohn ist nicht gekommen, daß er sich dienen lasse, sondern daß er diene und sein Leben gebe als Lösegeld für viele« (Mk. 10, 42-45).

Paulus schreibt:

»Die brüderliche Liebe untereinander sei herzlich. Einer komme dem anderen mit Ehrerbietung zuvor« (Röm. 12,10).

»Ist nun bei euch Ermahnung in Christus, ist Trost der Liebe, ist Gemeinschaft des Geistes, ist herzliche Liebe und Barmherzigkeit, so macht nun meine Freude dadurch vollkommen, daß ihr eines Sinnes seid, gleiche Liebe habt, einmütig und einträchtig seid. Tut nichts aus Eigennutz oder um eitler Ehre willen, sondern in Demut achte einer den anderen höher als sich selbst, und ein jeder sehe nicht auf das Seine, sondern auch auf das, was dem anderen dient. **Seid so unter euch gesinnt, wie es auch der Gemeinschaft in Christus Jesus entspricht«** (Phil. 2, 1-5).

In Demut den anderen höher achten, heißt: Dem anderen in Freiheit begegnen. Ich kann ihm dienen, ohne mir eine Zacke aus meiner Krone zu brechen; ich kann dienen, wie und wem auch immer, weil ich letztlich nur von Jesus abhängig bin. In einem Konfliktfall, wenn die Fronten starr gegenüberstehen, kann das bedeuten, daß ich in Demut (nicht als Verlierer) auf Teile meiner Interessen und Vorstellungen verzichte und suche so nach einer Lösung, die die Interessen des anderen einschließt. Ich suche vom Standpunkt des »Gegners« aus eine Lösung zu finden.

Dem anderen die Ehre geben, heißt: Ihn achten, ernst nehmen, wertschätzen, ihm zuhören und ihn verstehen wollen.

»Einer trage des anderen Last, so werdet ihr das Gesetz Christi erfüllen« (Gal. 6, 2).

Eine grundsätzliche Vergebungsbereitschaft ist für Christen eigentlich »selbstverständlich« und für eine gute Kommunikation in der Gruppe unabdingbar. Im Vaterunser sagen wir:

»Und vergib uns unsere Schuld wie auch wir vergeben unseren Schuldigern« (Mt. 6, 12).

Die Gruppe innerhalb der Gemeinde ist vermutlich der einzige Platz auf der Welt, wo Jesu Gesinnung die Gruppennorm ist:

Nicht der andere, die anderen, die Umstände oder die Zwänge und Verhältnisse bestimmen letztlich mein Verhalten, sondern ich will mit Gottes Hilfe aus der Gesinnung Jesu heraus handeln und kommunizieren.

Nachgeben, verzichten, vergeben, demütig handeln wird von Christen häufig als »fromme Leistung« verstanden, die Gott von mir abverlangt. So ein Verhalten ist nicht ein Zeichen von Schwäche, eher im Gegenteil. Es ist eine christliche Tugend, die sehr der Kommunikation und einem friedlichen Miteinander dient. Es ist ein Verhalten, auf dem der Segen Gottes liegt. Wer sich selbst erniedrigt, dem verspricht Gott, der wird erhöht werden (Mt. 23, 12). Jesus hat dies im absolutem Extrem erlebt: Zuerst kam das Kreuz, dann die Auferstehung.

Wenn ich aus dieser Gesinnung heraus auf persönliche Vorteile in einem Interessenkonflikt verzichte, sagt mir Gott zu, daß er diesen »Schaden« beheben wird. Wenn ich persönliche Abstriche mache und auf Macht und Einfluß bei der Durchsetzung meiner Vorstellungen und Interessen verzichte, damit wieder Kommunikation möglich wird, brauche ich mir um meine Stellung, Achtung, Ehre, Ansehen keine Sorgen zu machen. Gott bringt das in Ordnung zu *seiner* Zeit!

7 Psychologie der Gruppe

Die in den folgenden Abschnitten beschriebenen Eigenschaften von Gruppen sind Erfahrungswerte, die durch viele Experimente bestätigt wurden. Wenn nicht anders angeführt, stammen die Zitate aus dem Standardwerk von Manfred Sader »Psychologie der Gruppe«, München 1996, ein wissenschaftliches Werk der Sozialpsychologie, das den derzeitigen Stand der Forschung zusammenfaßt und auswertet.

Warum ich in den folgenden Abschnitten – und auch schon gelegentlich vorher – wissenschaftlich bestätigte »Allerweltsweisheiten« wiedergebe, liegt an einer für mich wichtigen Erfahrung, die ich als Gruppenleiter immer wieder mache: Es ist mir für die Gewichtung und Bearbeitung von Problemen und Konflikten in einer Gruppe eine Hilfe, wenn ich weiß, diese oder jene Gruppenkonflikte sind »normale« Wachstumsschmerzen im Gruppenprozeß. Die Ursachen für die Schwierigkeiten müssen nicht zuerst bei mir oder nur bei besonders schwierigen Gruppenmitgliedern liegen, sondern können Teil eines Prozesses sein, wie er in vielen Gruppen auch geschieht. Dieses Wissen bestärkt mich in meiner Gelassenheit und Bereitschaft, mein Harmoniebedürfnis zu zügeln, Konflikte auszuhalten und nicht immer sofort lösen zu müssen.

7.1 Erwartungen der Gruppenmitglieder an die Gruppe

Die Erwartungen eines Gruppenmitgliedes an die Gruppe werden vor allem im Kleinkindalter in der Familie und bedingt im Kindergarten gelernt. Da sehr viele Menschen nicht mehr in einer intakten Kleinfamilie aufwachsen, und sie so nicht »nebenbei« soziales Verhalten lernen, haben und machen viele Teilnehmer in Gruppen Probleme. Häufig erwarten sie, die Gruppenleitung und die anderen Gruppenmitglieder seien ausschließlich für sie und ihr Wohlbefinden zuständig. Appelle, Verantwortung für sich selbst und andere zu übernehmen, scheinen viele nicht zu begreifen und empfinden sie eher als lästig. Diese Einstellung ist in unserer Gesellschaft normal und nicht feindlich gegen die Gruppe oder Gruppenleitung gerichtet. Die Entwicklung, des Sich-Bedienen-Lassen und Unterhaltenlassen wird in den nächsten Jahren rasant weitergehen. Als eine Spitze dieser Entwicklung empfinde ich, daß zunehmend mehr Menschen mit künstlich erzeugten und nur virtuell erfahrenen Erlebnissen zufrieden und glücklich zu sein scheinen. Das entsprechende Lamentieren vieler Leiter/innen von Gruppen oder Gemeinden über die schreckliche Konsumentenhaltung vieler (der meisten?) Teilnehmer/innen unserer Gruppen hilft nicht weiter, sondern verschlimmert nur die Situation. Nur durch Bewußtmachen und Klärung der Bedingungen und nur durch ein liebevoll gewinnendes Angebot sind Menschen aus diesem Trend zu »retten«. Dieser Zeitgeist ist bösartig, im Tiefsten gegen die Würde, Freiheit und Selbstbestimmung des Menschen gerichtet und führt von Gott weg. Der Wunsch, sich – zumindest in der Freizeit – ständig spannend unterhalten zu lassen, macht auch vor den Gemeinden nicht Halt. Bei vielen ist aus dem Wunsch schon ein starkes Bedürfnis geworden, aus dem eine bestimmte Erwartungshaltung entspringt. Als Gruppenleiter/innen können wir nur den Trend aufnehmen und versuchen, ihn behutsam in die richtige Richtung zu Gott hin und zur Selbstverantwortung des Menschen umzubiegen.

Erwartungen von Teilnehmern an die Gruppe:

- Das Gruppenmitglied erwartet, daß die Gruppe ihm hilft, bestimmte Bedürfnisse zu befriedigen.

- Der Preis, den das Mitglied dafür »bezahlt«, heißt Anpassung. Er weiß, wenn er sich nicht genügend anpaßt, wird er zum Außenseiter und unter Umständen ausgestoßen.

- Für sein gruppenkonformes Verhalten erwartet er Lob und Anerkennung bei den anderen Mitgliedern und der Gruppenleitung.

- Durch seinen Einsatz versucht er zusammen mit den Mitgliedern, die langfristigen Ziele der Gruppe mitzubestimmen, mitzutragen um damit seinen Status in der Gruppe zu festigen und zu erhöhen.

Die Erwartungen eines Teilnehmers an die Gruppe lassen sich in drei Bereiche untergliedern:

1. Zugehörigkeit
2. Einflußnahme
3. Wertschätzung

1. Zugehörigkeit

Das Hervorkehren einer starken Hinwendung zum Individualismus und das Hochjubeln des Singledaseins als Lebensmotto trifft im positiven Sinne nur auf eine geringe Minderheit und nur in bestimmten Lebensphasen zu. Es scheint mir eine Erfindung der Werbung und der Meinungsmacher zu sein. Die Realität sieht anders aus. Die Menschen sehnen sich nach Gruppen und Beziehungen, in denen sie zu Hause sind. Sehr viele Menschen leiden unter Isolation, Einsamkeit, Nicht-beachtet-werden und einer diffusen Sinnlosigkeit. Immer wieder suchen sie Gruppen und Partnerschaften, in denen sie »jemand« sind, in denen sie als Persönlichkeit angenommen werden.

Wie mir scheint, haben zunehmend mehr Menschen Probleme, sich selbst in Gruppen zu integrieren oder etwas anders geartete Gäste in die Gruppe aufzunehmen. Sie können nicht ausreichend kommunizieren und sind nicht bereit und in der Lage, Belastungen und gegebenenfalls Einschränkungen auszuhalten.

Außenseiter, die mit der Gruppe nicht konform gehen, werden zunächst von der Gruppe umworben. Paßt sich der Außenseiter nicht an, wird er gemieden und abgekapselt. Die psychischen Konsequenzen für den Außenseiter sind erheblich. Sein Selbstwertgefühl wird in Frage gestellt und angegriffen. Er muß eine Form der Verteidigung finden, z. B.: Rückzug, Schweigen, Stören, aktive Auseinandersetzung mit der Gruppe (s. Kap. 4.4). Hier sind in besonderer Weise die Gruppenleiter/innen gefordert, zu vermitteln und Fehlentwicklungen entgegen zu steuern.

2. Einflußnahme

Jedes Mitglied einer Gruppe will einen gewissen Einfluß auf das Gruppengeschehen haben; nicht nur theoretisch, sondern auch real, sei es auch nur die Frage nach seiner Meinung.

»Wenn ein Glied leidet, so leiden alle mit« (1. Kor. 12, 26). Stimmt das?

Wenn wir die Wichtigkeit eines jeden Mitglieds in den Gemeinden und Gruppen betonen, so darf das keine leere Phrase sein. Die Gruppe muß spüren, wenn ein Mitglied bei einem Treffen nicht da ist; es muß den Anwesenden etwas fehlen! Tut es das nicht, ist die Einflußnahme des fehlenden Mitglieds auf das Gruppengeschehen vermutlich sehr gering; entsprechend unwichtig wird sich auch das Mitglied fühlen. Auf die Gruppe bezogen, würde diese Selbsteinschätzung leider sogar stimmen.

Durch Delegieren von Aufgaben, durch Mitarbeit, Mitbestimmung, Mitverantwortung, Mittragen und Ernstnehmen wird die Einflußnahme positiv gesteigert; durch auffälliges Verhalten und Provozieren von Konflikten entsprechend auf negative Weise.

3. Wertschätzung
Jedes Gruppenmitglied muß die Erfahrung machen: Die anderen achten, respektieren und lieben mich. Sie schenken mir Nähe, Vertrauen, Zuneigung. Meine Person ist ihnen wichtig. Sie wünschen sich meine Nähe, sie erwarten etwas von meiner Persönlichkeit.

7.2 Hierarchie – Hackordnung in der Gruppe

Es gibt vermutlich keine Gruppe von Menschen ohne eine »Hackordnung«. Jedes Gruppenmitglied nimmt entsprechend seinem sozialen Status einen bestimmten Platz in der Rangordnung der Gruppe ein. Die Faktoren, deren Zusammenwirken den Status in der Gruppe ergeben, können sehr unterschiedlich sein, z. B.: Herkunft, Besitz, Bildung, Sprache, Kleidung, Aussehen, Beruf, Bekanntheit, Beziehungen ... in christlichen Gruppen noch zusätzlich: Frömmigkeitsstil, Bibelkenntnis, Geistesgaben, Nähe zur Gemeindeleitung, höhere Erkenntnis ...

Es dauert in einer neu zusammengesetzten Gruppe immer eine Zeitlang, bis jeder seinen Platz gefunden hat. Erst wenn diese Findungsphase abgeschlossen ist, kehrt Ruhe ein , und die Gruppe kann sich auf ihre Vorhaben und Ziele voll konzentrieren. Kommen neue Teilnehmer in die Gruppe, werden die (Platz)Karten wieder neu gemischt, und eine gewisse Zeit der Unruhe und Unsicherheit beginnt.

Dieser mehr und weniger offene, gelegentlich auch unbewußte, Kampf um den höheren Status, um Macht und Einfluß bindet viele Kräfte und verhindert ein gutes Klima in der Gruppe. Manche Gruppenteilnehmer bleiben dabei auf der Strecke, sie werden bitter, sie tragen bleibende Wunden davon; manche verlassen die Gruppe.

Nicht wenige nehmen ihren eigentlichen Platz in der Gruppenhierarchie aus Bequemlichkeit, aus Scheu vor der Verantwortung, möglicher Arbeitsüberlastung usw. nicht ein; sie überlassen ihren Platz (Verantwortung) »Schwächeren«. Für sie selbst und auch für die Gruppe hat das meistens negative Folgen: Die Unterforderten werden in der Gruppe unzufrieden und aggressiv; sie sticheln durch spitze ironische Bemerkungen und geben kluge Ratschläge. Sie verunsichern andere Mitglieder und blockieren so die Entfaltung der Gaben in der Gruppe.

Diesen beschriebenen natürlichen Gruppenprozessen stellt Jesus ein ganz anderes Gruppenkonzept entgegen:

Jesus will seinen Leuten die Kraft, den Mut, das Selbstbewußtsein, die Freiheit und Demut schenken, diese Kämpfe um die Hackordnung in ihren Gruppen nicht ausfechten zu müssen. Gruppen, in denen Jesu Gesinnung die Gruppennorm ist, vergeuden keine Kraft und Zeit in diesem lieblosen, aufreibenden Krieg um den höheren Status.

Jesus will, daß seine Leute alle Kräfte und Fähigkeiten für sich und seine Sache nutzen, daß sich die Gruppenmitglieder nicht gegenseitig verletzen und blockieren. Er will, daß alle ihre Gaben optimal einbringen und weiter entwickeln. Aus falscher Bescheidenheit, aus Bequemlichkeit oder aus Menschenfurcht anderen, vielleicht nicht so begabten, Gruppenmitgliedern den Vortritt zu lassen und »sein Licht unter den Scheffel zu stellen« ist nicht im Sinne Jesu. Wenn Jesus seine Jünger auffordert, einer solle dem anderen dienen, heißt das nicht, Christen sollen eine unterwürfige Kriecherhaltung einnehmen. Jesu Gruppenkonzept ist wohl die einzige wirklich liebevolle Art des Zusammenlebens und der Kommunikation, in der es keine Machtkämpfe, keine Angst vor Liebesentzug und Ausgrenzung aus der Gruppe gibt.

Wo nur Diener sind, gibt es keine Herren!

- Es kämpft kein Gruppenmitglied um die Herrschaft.
- Die Gruppe macht kein Mitglied zum Herrscher und gibt ihm alle Verantwortung und Macht.
- Jedes Gruppenmitglied nimmt seine Verantwortung wahr und bringt seine Gaben ein.
- Jeder kommt dem anderen in Ehrerbietung zuvor.
- Es gibt keine Hackordnung!

Damit diese Punkte nicht nur eine utopische Wunschvorstellung bleiben, muß die Gruppe sich über die Art ihres Miteinanders regelmäßig, offen und ehrlich austauschen (s. Metakommunikation Kap. 6 1.3).

Wenn es in einer Gruppe auf das gemeinsame Gespräch und einen umfassenden Informationsaustauch zwischen allen Teilnehmern, zwischen den »höhergestellten« vielwissenden und den weniger wissenden, ankommt, muß die Gruppe sich auf ein Verfahren einigen. Der Statushöhere redet meistens mehr, seine Informationen finden stärkere Beachtung als das der Statusniedrigeren. Da aber die Beiträge, Standpunkte, Informationen aller für das Gesamtbild unverzichtbar sind, muß auch dieses Problem in der Gruppe erörtert, geklärt und geregelt werden (z. B. Redezeit, Reihenfolge, Redestein, direkt fragen).

Gemeinsam und als einzelne müssen sich die Gruppenmitglieder fragen: Inwieweit kommunizieren wir in der Gesinnung Jesu, oder nimmt das übliche »Hühnerhofdenken« die Oberhand.

7.3 Phasen im Gruppenprozeß
Lebenslauf einer Gruppe

Wie bei einem Kind verläuft auch die Entwicklung einer Gruppe in verschiedenen Phasen. Wie jedes Kind seine persönliche und einmalige Entwicklung durchlebt, so ist auch die Entwicklung im Lebenslauf einer Gruppe ein einzigartiger Prozeß.

Grob verallgemeinert läßt sich der Lebenslauf einer Gruppe in vier Stufen aufteilen:

1. Stufe: Orientierung

Die Teilnehmer peilen die Lage. Sie sind eine Weile unsicher und zurückhaltend. Einige versuchen, ihre Befangenheit durch entsprechend »starkes Auftreten« zu reduzieren.

Sie sammeln Informationen und suchen nach Antworten auf folgende Fragen:

Wer ist noch da?
Was sind das für Leute?
Mit wem kann ich mich verbünden?
Was ist hier normal?
Was wird von mir erwartet?
Was sind die Ziele?
Wie sollen diese Ziele erreicht werden?
Will ich in dieser Gruppe bleiben?

Nach einer Eiszeit gibt es meist Tauwetter, die Teilnehmer fühlen sich sicherer und werden offener für den Austausch untereinander und für das Gruppenziel.

2. Stufe: Konfrontation und Konflikt

Das vorsichtige Abtasten hört auf. Die Teilnehmer begegnen einander kritisch.

Die Gruppensituation verliert ihre Besonderheit.
Die Gruppenmitglieder zeigen ihr »wahres Gesicht«.
Sie stellen Ansprüche und wollen mitreden.
Die Gruppenleitung wird hinterfragt.
Es kommt zu Polarisierungen, Cliquenbildungen und Machtkämpfen innerhalb der Gruppe.

Das Gruppenziel wird zwar intensiver verfolgt als in der Phase der Orientierung, aber die Konflikte schlagen nicht selten auch auf die Sachebene durch und beeinträchtigen die Zusammenarbeit an der Gruppenaufgabe.

3. Stufe: Konsens, Kooperation, Kompromisse

Nach den aufreibenden Konkurrenzkämpfen hat jeder seinen Platz in der Gruppe gefunden. Ein starkes Wir-Gefühl stellt sich ein. Alle sind froh, daß die Zeit der Auseinandersetzungen vorbei ist. Alle sind um das Wohlbefinden bemüht. Nichts darf die Harmonie stören. Ernste Konflikte werden nicht offen ausgetragen. Irgendwann ist kein Platz mehr unter dem berühmten Teppich, und es kommt doch zu Spannungen.

Um niemanden weh zu tun, werden ständig Kompromißlösungen gesucht. Diese Einstellung, es allen immer recht machen zu wollen, führt zu einer Stagnation, zu einem Scheinfrieden und einer tiefen, verdeckten Unzufriedenheit.

Dieses starke Streben nach Einheit und Harmonie stärkt zunächst das Engagement der Gruppenmitglieder bezogen auf die Gruppenaufgabe. Bleibt aber auf Dauer das offene Ringen um die richtigen Strategien aus, verflacht das Interesse und die Gruppe gibt sich mit dem kleinsten gemeinsamen Nenner zufrieden. Die anfängliche Begeisterung verflüchtigt sich.

4. Stufe: Zwei Möglichkeiten

Stufe 4 a: Feste Regeln, Konzentration auf die Gruppenaufgabe oder

Stufe 4 b: Persönliche Bedürfnisse *und* Verfolgung des Gruppenziels

Stufe 4 a: Feste Regeln, Konzentration auf die Gruppenaufgabe

Die Gruppenmitglieder beginnen, sich an den vielen Kompromissen zu stören und suchen nach Wegen zu einer stärkeren Effektivität ihrer Gruppenarbeit.

Die Gruppe will aus dieser Friede-Freude-Eierkuchen-Mentalität heraus. Die Zusammentreffen sollen wieder effektiv werden. Alle Kräfte werden auf die Gruppenaufgabe konzentriert. Feste Regeln und Kontrollen sorgen für klare Verhältnisse. Die Gruppe geht zielorientiert kräftig voran. Persönliche Belange und Bedürfnisse stellen die Mitglieder hintenan; nur das Erreichen des Ziels zählt. Für die Klärung von Konflikten wird keine Zeit und Kraft »verschwendet«. Persönliche Probleme sind ein Zeichen von Schwäche. Sie werden ausgeklammert. Das Klima in der Gruppe wird kälter. Ein Gruppenleben, das hauptsächlich auf der Sachebene stattfindet, stirbt auf Raten. Einzelne Mitglieder verlassen gefrustet die Gruppe. Sie wollen nicht nur funktionieren, sondern auch als eigenständige Persönlichkeit wahrgenommen und behandelt werden. »Wir haben uns auseinander gelebt«, sagen einige. Andere meinen: »Die Gruppe hat ihre Aufgabe erfüllt.«

Die Gruppe löst sich auf.

Die Auflösung der Gruppe wird von einigen Mitgliedern nicht nur als ein Verlust empfunden, sondern gelegentlich auch als eine Entlastung und Befreiung, als Chance für einen Neuanfang.

Stufe 4 b: Persönliche Bedürfnisse *und* Verfolgung der Gruppenziele

Wenn sich die Gruppe darauf besinnt, einen Ausgleich zwischen der Befriedigung der persönlichen Bedürfnisse der einzelnen Gruppenmitglieder und dem Erreichen der Gruppenziele herzustellen, müssen die unter 4 a beschriebenen negativen Entwicklungen nicht »zwangsläufig« eintreten. Voraussetzung dafür ist aber eine offene und ehrliche Bearbeitung der entstandenen und entstehenden, der offensichtlichen und der verdeckten Konflikte in der Gruppe. Kopf und Bauch gehören zusammen! Ein gesundes Gruppenleben spielt sich immer auf der Verstandes- *und* Gefühlsebene ab. Will eine Gruppe lange leben, muß sie eine »Streitkultur« entwickeln: Alle Gruppenmitglieder, inklusive der Gruppenleitung, teilen ihre wichtigen Erwartungen, Wünsche, Bedürfnisse, Standpunkte und Meinungen der Gruppe mit. Im gemeinsamen Austausch, fairen Streit und Gebet darüber finden sie einmütige Konfliktlösungen und Entscheidungen. Einmütig bedeutet nicht einstimmig, sondern die »Unterlegenen« sind bereit, die ausgefochtene Entscheidung zu respektieren und mit zu tragen.

Durch Aktionismus und verstärkte Konzentration auf die »eigentlichen« Aufgaben und Ziele der Gruppe, sind keine Probleme in der Gruppe zu lösen oder auf Dauer zu verhindern. Die Forderung: »Laßt uns von uns weg auf Jesus sehen und unseren Auftrag erfüllen! Wir wollen uns selbst nicht so wichtig nehmen!« sind in diesem Zusammenhang ein gefährlicher Trugschluß und ganz und gar unbiblisch! Ungeklärte Konflikte, Sünde, Enttäuschungen und Verletzungen bei den Gruppenmitgliedern blockieren die Arbeit der Gruppe und schränken den reichen Segen Gottes und das Wirken des Heiligen Geistes stark ein. Konflikte, Krisen und Spannungen gehören zu einem Gruppenleben dazu. Sie müssen gemeinsam geklärt, durchlitten und vergeben werden; dann ist die Gruppe frei und kann unbelastet und verheißungsorientiert ihre Ziele fröhlich verfolgen.

Es ist kein Zeichen von Unreife einer Gruppe, wenn Schwierigkeiten auftreten. Der Reifestand einer Gruppe wird deutlich, inwieweit sie Konflikte und Spannungen offen, ehrlich und konstruktiv bearbeitet. Leider kommt es – wie im Leben eines einzelnen Menschen auch – vor, daß Gruppen in Spannungszeiten in frühere Phasen zurückfallen: Gruppenmitglieder reagieren in Problemsituationen beleidigt, gekränkt, trotzig, aggressiv, lieblos und formal, oder sie wollen den Konflikt nicht wahrnehmen und verdrängen ihn geschickt, häufig noch scheinbar aus Liebe zu einzelnen Teilnehmern. Sie wollen ja niemanden weh tun!

Gerade in spannungsgeladenen Situationen in einer Gruppe wünsche ich mir, doch immer daran zu denken, einen »Gedankenstop« durchzuführen: Ich will mich betend auf die »Frucht des Geistes« in uns besinnen. Wenn wir mit Jesus Christus leben, wachsen diese Früchte in uns heran und stehen uns zur Verfügung. Wir brauchen sie »nur« für uns im Hier und Jetzt in Anspruch zu nehmen.

»Der Geist Gottes läßt als Frucht eine Fülle von Gutem wachsen, nämlich Liebe, Freude und Frieden, Geduld, Freundlichkeit und Güte, Treue, Bescheidenheit und Selbstbeherrschung« (Gal. 5, 22 GN).

Einige Zeilen später schreibt Paulus im Brief an die Galater:

»Wenn wir nun durch den Gottes Geist ein neues Leben haben, dann wollen wir auch aus diesem Geist unser Leben führen« (Gal. 5, 25 GN).

Eine reife Gruppe mit im Heiligen Geist wachsenden Mitgliedern ist sich bewußt, daß es keine konflikt- und spannungsfreie Zonen im Zusammenleben von Menschen auf dieser Erde gibt. Wir leben von der Vergebung durch Jesus und geben die Vergebung auch weiter, nicht scheinheilig pauschal, sondern Konflikte, Schuld und Sünde müssen konkret beim Namen genannt, geklärt und dann vergeben werden. Gehört diese Form der Konfliktbearbeitung zum Gruppenkonsens, ist der Gruppe, von hierher gesehen, ein langes, spannendes, erfülltes Leben sicher.

7.4 Größe der Gruppe

Ein durch eigene Erfahrung und in der Fachliteratur immer wieder bestätigter Grundsatz: **Die kleinstmögliche Gruppe ist fast immer auch die effektivste!**

Kleinstmöglich ist hierbei bezogen auf die Gesamtzahl, auf die Aufgabenstellung und die äußeren Rahmenbedingungen.

Je mehr Mitglieder eine Gruppe hat, desto geringer wird das Verantwortungsgefühl des einzelnen Teilnehmers für das Ganze. Fünf Menschen können sich gemeinsam voll verantwortlich fühlen; bei 30 Gruppenmitgliedern ist der eigene persönliche Anteil an der Verantwortung für das Gruppengeschehen schon so gering, daß er für die meisten Teilnehmer kaum noch eine erhebliche Rolle spielt, es sei denn, sie haben eine wichtige Sonderaufgabe für die Gruppe übernommen.

Je größer die Gruppe ist,

- desto geringer ist der persönliche Anteil des einzelnen Mitglieds am Ganzen.

- desto weniger Redezeit hat der einzelne Teilnehmer, desto weniger Zeit steht ihm zur Verfügung, eigene Ideen und Anregungen einzubringen.

- desto weniger Eigenverantwortung hat der einzelne für das Geschehen in der Gruppe.

- desto weniger Anstrengung und Engagement bei den Mitgliedern, da die persönlichen Anteile des einzelnen nicht so sehr sichtbar werden.

- desto mehr Schweiger gibt es in der Gruppe. Bei mehr als acht Teilnehmern in einer Gruppe nimmt die Anzahl der »Stummen« rapide zu.

- desto größer wird der organisatorische Aufwand für jedes Treffen und alle Aktivitäten der Gruppe.

- desto geringer wird die Möglichkeit, sich in privaten Räumlichkeiten zu treffen.

- desto stärker nimmt der innere Zusammenhalt und das Zusammengehörigkeitsgefühl ab.

Für eine Gruppe, die das intensive persönliche Gespräch sucht, ist eine Teilnehmerzahl von 7 bis 10 die beste Größe. Bis zu 15 Personen ist ein gemeinsames persönliches Gespräch noch möglich; ab 20 Personen ist es nicht mehr praktikabel.

8 Fragen der Gesprächsleitung

8.1 Was ist ein gutes Gruppengespräch? Was erwarten die Gesprächsteilnehmer?

- Das Gespräch darf nicht langweilig sein. Die Teilnehmer erwarten eine »spannende Unterhaltung«.

- Das Gespräch verläuft in einer angenehmen, angstfreien, vertraulichen Atmosphäre. Die Teilnehmer fühlen sich sicher. Alle beteiligen sich aktiv am Gespräch.

- Am Ende des Gesprächs sind alle um einige wichtige Erkenntnisse reicher.

- Das Thema wird von allen Seiten beleuchtet und umfassend erarbeitet.

Maßgeblichen Anteil am Erfolg des Gruppengesprächs hat die Gesprächsleiterin oder der Gesprächsleiter.

Sie achten besonders auf
- die Einhaltung der vereinbarten »Spielregeln« und Absprachen und

- die Ausgewogenheit der Erarbeitung des Themas.

8.2 Die »Spielregeln« – Der Gruppenkonsens

Wie für jede partnerschaftliche Kommunikation gilt auch für alle Teilnehmer eines Gruppengesprächs:

- So wie ich mir wünsche, von den anderen behandelt zu werden, so will ich mich auch ihnen gegenüber verhalten.

- So wie ich mir wünsche, von der Gruppe angehört und verstanden zu werden, so will ich auch den anderen Teilnehmern zuhören und mich bemühen, ihre Gedanken und Gesprächsbeiträge zu begreifen.

Die in den folgenden Abschnitten genannten Gesprächsregeln entsprechen weitgehend den von Ruth Cohn entwickelten Grundsätzen der »Themenzentrierten Interaktion« (TZI) und sind teilweise eine Umsetzung der in Kapitel 3 und 4 von mir beschriebenen Grundregeln der Kommunikation:

- Geborgenheit – Annahme – Wertschätzung
  Die Gesprächsteilnehmer respektieren die Bedürfnisse, Wünsche und Meinungen des anderen. Sie begegnen sich mit hoher Achtung und Wertschätzung.

- Freiwilligkeit
  Niemand wird zu einem Gesprächsbeitrag direkt oder indirekt gezwungen.

- Vertraulichkeit
  Persönliche Aussagen der Mitglieder bleiben in der Gruppe und werden nicht nach außen getragen.

- Wahrhaftigkeit – Eindeutigkeit – Echtsein
  Was ein Teilnehmer sagt stimmt seinem Wissen und seiner Wahrnehmung nach mit der Wirklichkeit überein. Jeder sagt nur das, was er wirklich preisgeben will. Was er aber sagt, soll wahr und eindeutig sein. Die Art und Weise wie sich jeder gibt, muß mit seinem Inneren übereinstimmen, soll echt sein. Keine Masken!

- Aufbauende Kritik und hilfreiches Feedback sollen zur Selbstverständlichkeit werden.

- Alle Gesprächsteilnehmer sind gemeinsam für das Gelingen bzw. auch Mißlingen des Gesprächs und das Geschehen in der Gruppe mitverantwortlich!
  Der Gesprächsleiter ist Teil der Gruppe; er organisiert, moderiert und leitet das Gespräch. Er erinnert an die Absprachen, gewährleistet den »Schutz« der einzelnen Teilnehmer. Für den Erfolg des Gesprächs sind aber immer alle Teilnehmer zuständig! Stagniert das Gespräch, wird es langweilig, oder bleibt es an der Oberfläche, so ist das nicht das alleinige Problem des Gesprächsleiters. Es sind immer alle Mitglieder gefordert.

- Persönliche Erfahrungen einbringen!
  Wichtiger als theoretische und abstrakte Wissensbeiträge sind persönliche Erfahrungen, die in engem Zusammenhang zum Gesprächsthema stehen.

- Wichtige Fragen mit der eigenen Meinung und Empfindung erklären.
  Keine Scheinfragen!
  Der Gruppenleiter bittet Teilnehmer, die eine wichtige Frage stellen, ihre Frage persönlich zu begründen: »Warum ist Ihnen diese Frage so wichtig?«
  Ein Gruppengespräch zu führen über Fragen und Probleme, die kein Anwesender hat, ist meist vergeudete Zeit!

- Nicht vorschnell interpretieren und bewerten
  Die Teilnehmer vergewissern sich zuerst, ob sie den anderen richtig verstanden haben, dann nehmen sie dazu Stellung.

- Auf Verallgemeinerungen verzichten!
Die Teilnehmer versuchen in der Ich-Form zu reden, sie verzichten auf allgemeine Formulierungen wie »wir«, die Leute usw. »Ich« statt »man«.

- Die Teilnehmer direkt ansprechen!
Wenn ein Teilnehmer ein bestimmtes Mitglied meint, soll er es in der Gruppe direkt ansprechen.

- Die eigenen Körpersignale wahrnehmen!
Die Körpersignale sind meist schneller als unser Bewußtsein. Wenn ein Teilnehmer in sich Unruhe, Ärger, Angst, Freude rechtzeitig spürt, kann er bewußter damit umgehen.

- Auf die Körpersprache achten!
Wenn die Teilnehmer auf die Gestik, Mimik und Körperhaltung der Gesprächsteilnehmer achten, verstehen sie sich besser.

- Störungen haben Vorrang!
Alle Teilnehmer sollen dem Gespräch immer zu 100 Prozent folgen können. Fühlt sich ein Mitglied durch irgend etwas in seiner Anteilnahme am Gespräch gestört, soll-kann-darf er dies der Gruppe unmittelbar mitteilen. Der Gesprächsleiter unterbricht daraufhin den Gesprächsfluß und versucht mit der Gruppe, die Störung zu beheben.

- Nicht durcheinander reden!
Reden mehrere Teilnehmer gleichzeitig, drängt der Gesprächsleiter auf eine Verständigung über die Reihenfolge. Führen zwei Mitglieder ein »stilles Nebengespräch«, bittet der Gesprächsleiter die beiden, ihr Thema öffentlich zu machen. Es kann gut sein, daß das Nebengespräch wichtige Impulse für das Hauptgespräch enthält.

- Sowohl auf der Sachebene als auch auf der Gefühlsebene kommunizieren!
  Die Teilnehmer achten darauf, Nachrichten ausgewogen, d. h. vierseitig zu senden und vierohrig zu hören.

8.3 Auf die Ausgewogenheit der Erarbeitung des Themas kommt es an!

Bei einem ertragreichen, themenzentrierten Gruppengespräch muß das Thema bezogen auf die Bereiche ICH – GRUPPE / GESELLSCHAFT – GOTT / MENSCH / WELT in einem ausgewogenen Verhältnis behandelt werden:

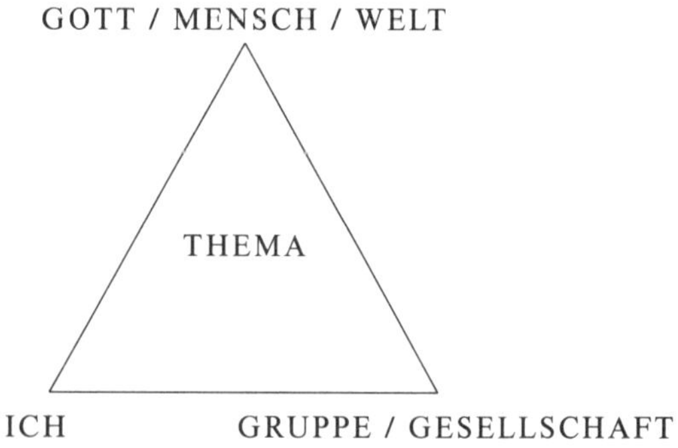

ICH:

Die Teilnehmer machen sich ihren persönlichen Bezug zum Thema bewußt:

- Was ist meine persönliche Geschichte mit dem Thema? Was habe ich mit dem Thema zu tun?

- Wie will ich mich darauf einlassen?

GRUPPE / GEMEINDE / GESELLSCHAFT:
Die Teilnehmer erörtern die Bezüge des Themas zu ihrer Gruppe, ihrer Gemeinde und ihren Lebensverhältnissen:

- Was bedeutet das Thema für unsere
  Gruppe und Gemeinde?
  Familien und Kinder?
  Lebensumstände?
  Gesellschaft?

- Wie stehen andere gesellschaftliche Gruppen zu dem Thema?

GOTT / MENSCH / WELT / Religion / Moral / Ethik / Philosophie / Zeitgeist / Normen / Gewissen:
Die Teilnehmer betrachten, vergleichen, gewichten das Thema entsprechend verschiedener Gottes- und Menschenbilder:

- Was sagt die Bibel, Kirche, Theologie, christliche Tradition zu dem Thema?

- Wie wird das Thema in anderen Kulturen, Religionen, Philosophien und Weltanschauungen gesehen?

- Was sagt der moderne, aufgeklärte, fortschrittsgläubige Weltbürger dazu?

- Was meint der gesunde Menschenverstand zu dem Thema?

8.4 Die Aufgaben des Gesprächsleiters

Die Aufgaben des Gesprächsleiters sind sehr vielfältig. Sie zielen einerseits auf die Gefühlslage und das Verhalten der Gesprächsteilnehmer, andererseits auf die sachliche und inhaltliche Bearbeitung des Themas. Gemeinsam mit dem Gruppenleiter garantiert der Gesprächsleiter für den persönlichen Schutz der Intimität der einzelnen Gesprächsteilnehmer.

- Er macht die Teilnehmer miteinander bekannt.
- Er setzt das themenbezogene Gespräch in Gang und beendet es.
- Er schafft durch sein offenes Wesen, die vorbildliche und anregende Art seiner Kommunikation eine wohltuende, angstfreie, erwartungsvolle Atmosphäre.
- Er klärt mit der Gruppe die »Spielregeln« und den zeitlichen Rahmen.
- Er erinnert an die Vereinbarungen.
- Er steuert das Gespräch mit seinen Beiträgen und Fragen so, daß das Thema umfassend und ausgewogen behandelt wird.
- Er faßt Beiträge zusammen und zeigt den aktuellen Stand des Gesprächs auf.
- Er führt notwendige Entscheidungen herbei.
- Bei Unklarheiten im Gespräch hakt er nach. Durch Rückfragen bringt er die Teilnehmer zu eindeutigen Aussagen.
- Er weist auf widersprüchliche und gemeinsame Standpunkte hin.
- Er sorgt für eine konstruktive Bearbeitung von gegensätzlichen Meinungen.

- Er vermittelt in Konflikten.

- Er versucht verhaltensauffällige, das Gespräch zerstörende Teilnehmer zu einem der Situation angemessenem Verhalten zu bewegen.

- Er regt die Teilnehmer zur aktiven Mitarbeit an.

- Er macht Mut und gibt positive Rückmeldungen.

- Er bringt persönliche Beiträge in das Gespräch ein.

- Er leitet das Gespräch in einem partnerschaftlichen Stil.

Zusammenfassung:
Der Gesprächsleiter ist verantwortlich für den inneren und äußeren geordneten Ablauf des Gesprächs.
Er bringt in vorbildlicher Weise allen Teilnehmern Wertschätzung und Beachtung entgegen.
Er sorgt für eine sachgerechte, umfassende, ausgewogene und den Ansprüchen der Teilnehmer angemessene Erarbeitung des Themas.

8.5 Die Eigenschaften und Fähigkeiten eines Gesprächsleiters

Der Gesprächsleiter kennt und beherrscht die Grundregeln der Kommunikation.
Er ist in der Lage, sich kompetent in ein bestimmtes Thema einzuarbeiten, und es für ein Gruppengespräch zu strukturieren.
Im Idealfall verkörpern Gesprächsleiter/innen folgende Eigenschaften und Fähigkeiten:

- Er ist vertrauenswürdig und einfühlsam.
- Sein Wesen ist von liebevoller Wertschätzung und Achtung der Menschen geprägt.
- Er akzeptiert den anderen als gleichwertige Persönlichkeit. Weder erhebt er sich innerlich über andere, noch fühlt er sich weniger wertvoll anderen gegenüber.
- Er weiß um seine Vorurteile, Vorlieben, Schwächen und Stärken. Er muß nicht »den starken Mann« spielen.
- Durch seine positive Annahme und Gelassenheit vermittelt er den Teilnehmern Geborgenheit.
- Er hat sein Machtstreben unter Kontrolle.
- Er verzichtet auf den Einsatz von Zwang in jeder Form. Er kann Widerspruch ertragen.
- Er hat eine sensible Wahrnehmung, was in der Gruppe und in ihm selbst vorgeht.
- Er kann Spannungen aushalten. Er muß nicht sofort helfen. Er kann sein Harmoniebedürfnis zügeln.
- Er ist kompromißfähig.
- Er kann anderen Mut machen.
- Er traut sich und anderen etwas zu.
- Er kann partnerschaftlich ein Gespräch leiten.
- Er ist in der Lage, ein Sachthema vorzubereiten, die Inhalte zu gewichten und für die Gruppe aufzubereiten.

8.6 Die sachliche und methodische Vorbereitung des Themas und des Gesprächsverlaufs

8.6.1 Sammeln, Ordnen, Auswählen von Informationen über das Thema

Eine fundierte und ertragreiche Erarbeitung eines Themas in einem Gruppengespräch bedarf einer gründlichen Vorbereitung des Gesprächsleiters. Auch wenn er viele Informationen über das Thema nicht direkt in das Gespräch einfließen läßt, so muß er doch über ein angemessenes Hintergrundwissen verfügen, damit er im Verlauf des Gesprächs Beiträge der Teilnehmer gewichten, Schwerpunkte setzen und Wichtiges von weniger Wichtigem unterscheiden kann.

Die sachliche und methodische Vorbereitung vollzieht sich in mehreren Schritten:

- Sammeln von Informationen über das Thema.

- Ordnen und Sichten des Materials nach Kernaussagen und ergänzenden Hintergrundinformationen.

- Sammeln von Fragen und Ideen für das praktische und methodische Vorgehen.

Nachdem ich mir als Gesprächsleiter einen ausreichenden Überblick verschafft habe, höre ich auf, immer weiter nach neuen Informationen zu suchen. Ich wäge ab und entscheide über folgende Fragen:

- Welche Erwartungen haben die Teilnehmer an mich und das Thema?

- Wie kann und will ich diesen Erwartungen entsprechen?

- Wie ist das Vorwissen der Teilnehmer?
  Welchen gemeinsamen Informationsstand sollten alle Grup-

penmitglieder mindestens haben, um überhaupt bei dem Thema ernsthaft mitreden zu können?

- Welche Kernaussagen bringe ich in das Gespräch wann und wie ein?

- Wie gehe ich methodisch vor?
  (Kurzreferat, Thesenpapier, Arbeitsblatt, Diskussion, Brainstorming, Anspiel, Rollenspiel, Kleinstgruppen, Pinwandtechnik ...)

- Welche Medien setze ich ein?
  (Film, Video, Kassette, Bild, Folie, Pinwand, Tafel, Text, Gegenstand ...)

- Welche Fragen, Anstöße kann ich geben, die gezielt auf die drei Eckpunkte hinführen:
  ICH: Was habe ich persönlich mit dem Thema zu tun?
  GRUPPE / GESELLSCHAFT: Welche Auswirkung hat das Thema auf uns als Gruppe, im alltäglichen Leben und auf die Gesellschaft?
  GOTT / MENSCH / WELT: Welchen Bezug hat das Thema zu unserem Glauben und zu unserem Gottes-, Menschen- und Weltbild?

8.6.2 Verlaufsplanung des Gruppengesprächs

Anwärmphase
In der Anfangsphase werden die Teilnehmer begrüßt. Es ist Zeit für eine zwanglose Unterhaltung. Gäste werden mit einzelnen Gruppenmitgliedern bekannt und mit den Räumlichkeiten vertraut gemacht. Der persönliche Austausch untereinander in den ersten Minuten soll mithelfen, eine wohltuende Atmosphäre zu schaffen.

Nach der »offiziellen Begrüßung« muß geklärt werden, ob alle Teilnehmer offen sind, sich auf das neue Thema einzulassen, oder ob sie noch brandaktuelle Dinge und Fragen gefangen nehmen. Diese Blockaden sollten möglichst zuerst beseitigt werden. Wenn das nicht möglich ist, sollten sie mindestens genannt und bewußt von der Gruppe zur Kenntnis genommen werden. Der Gesprächsleiter muß abwägen, inwieweit es notwendig ist, die Teilnehmer auf die vereinbarten Gesprächsregeln hinzuweisen und den geplanten Verlauf des Treffens offen zu legen.

Die Einstiegsphase

Nachdem alle Teilnehmer »angekommen« sind, und sie nun voller Erwartung auf den Gesprächsleiter blicken, beginnt er mit der Einführung in das Thema. Je länger der Gesprächsleiter zu Beginn einen Vortrag hält, desto schwieriger wird er danach die Gruppe ins Gespräch miteinander bringen können. Gelingt es dem Gesprächsleiter schon in der Anfangsphase, möglichst alle Gruppenmitglieder zu einer aktiven Mitarbeit herauszufordern, steht meistens einem intensiven Gedankenaustausch aller in der Erarbeitungsphase nichts mehr im Wege. Bewährte Methoden dafür sind z. B.: Brainstorming, Ratespiel, Meinungsumfrage, provozierende Thesen, »Blitzaufgaben«, die in Kleinstgruppen zu klären sind, ...

Erarbeitungsphase

Die Gruppe ist in das Thema eingeführt und kann jetzt daran arbeiten. Bei Bedarf schiebt der Gesprächsleiter wichtige Informationen nach. Entsprechend seinen Planungen setzt der Gesprächsleiter Medien ein und benutzt die ihm für die Gruppe geeigneten Methoden der Erarbeitung des Themas. Durch Fragen, Thesen aufstellen, Zusammenfassen, Schwerpunkte setzen, Nachhaken, Wiederholen, auf den Punkt bringen, steuert er das Gespräch. Bleibt der Tiefgang im Gespräch aus, läuft es durcheinander und ziellos, gibt der Gesprächsleiter die Gelegenheit für ein »Blitzlicht«. Jedes Gruppenmitglied teilt mit, wie es sich augenblicklich fühlt, wie es den Stand des Gesprächs einschätzt, wie es sich den weiteren Verlauf vorstellt.

Schlußphase

Mindestens 30 Minuten vor Schluß läutet der Gesprächsleiter das Ende des Gesprächs ein. Mit der Gruppe faßt er die Ergebnisse zusammen. Er verständigt sich mit den Teilnehmern, wie sie mit den noch offenen Fragen oder Widersprüchen weiterhin umgehen wollen. Am Ende eines themenzentrierten Gesprächs in einer ganzheitlich ausgerichteten Gruppe steht immer die persönliche Schlußrunde. Jedes Gruppenmitglied gibt seine abschließende persönliche Bewertung von dem Gespräch. Dies geschieht meistens am besten mit der Methode eines »Rundgangs«. In irgendeiner Form nimmt jeder Gesprächsteilnehmer zu einigen der folgenden Fragen Stellung:

* Wie habe ich heute das Gespräch erlebt?

* Was fand ich heute gut, was weniger gut?

* Was habe ich an Erkenntnissen gewonnen?

* Wie will ich die neuen Erkenntnisse in meinem Alltag umsetzen?

* Wer kann mir dabei helfen?

* Welche Fragen werden mich weiter beschäftigen?

* Wie umfassend haben wir das Thema erarbeitet?

* Was wünsche ich mir für das nächste Mal?

* Was wünsche ich mir von einzelnen Teilnehmern?

* Was wünsche ich mir vom Gesprächsleiter?

* Was könnten wir besser machen?

* Wie sind wir miteinander umgegangen?

8.7 Die Nachbereitung eines themenzentrierten Gruppengesprächs

Wenn ich mich als Gesprächsleiter intensiv auf ein Gespräch vorbereitet habe, macht es besonders Sinn, wenn ich dieses Gespräch auch für mich gründlich nachbereite.

Einen Fragenkatalog für eine Nachbereitung stelle ich hier zusammen:

- Wie fühle ich mich, wenn ich an das Gespräch zurück denke?

- Welche Rückmeldungen bekam ich direkt und indirekt in der Schlußrunde?

- Inwieweit lag ich mit der Einschätzung des Vorwissens der Teilnehmer über das Thema richtig?

- Haben meine Sachinformationen über das Thema ausgereicht? Wo hätte ich noch zulegen sollen?

- Wurde das Thema ausgewogen bearbeitet?

- Wo bin ich von meinen Planungen abgewichen? Warum?

- Was lief gut? Was lief weniger gut?

- Was darf mir so nicht wieder passieren?

- Wie kamen die Methoden und Medien bei den Teilnehmern an?

- Wie gelangen die Übergänge der einzelnen Phasen?

- Inwieweit habe ich als Gesprächsleiter und die einzelnen Teilnehmer die Grundregeln der Kommunikation und den Gruppenkonsens eingehalten?
  Wo ist Nachholbedarf?

- Was habe ich für mich gelernt?

- Brauche ich für mich als Gesprächsleiter weiterführende Hilfe und Beratung?
  Wo und wie könnte ich Hilfe finden?

ANHANG

Ca. 100 Gruppenleiter/innen schickte ich einen Fragebogen zu, 64 auswertbare Bogen kamen zurück. Hier die Ergebnisse:

Auswertung
FRAGEBOGEN FÜR GRUPPENLEITER/INNEN
August - Oktober 1996

1. 64 Bogen werden ausgewertet davon:
Frauen 24; Männer 40
Konfession: evang. 25; freik. 34

2. Alter:

Frauen:	Männer:
21 - 30 J.: 2	21 - 30 J.: 11
31 - 40 J.: 1	31 – 40 J.: 14
41 - 50 J.: 13	41 - 50 J.: 11
51 - 60 J.: 7	51 - 60 J.: 3
61 - 70 J.: 2	61 - 70 J.: 1

3. Beruf

4. Welche Art von Gruppe leiten Sie?
Hauskreise: 30 (davon 27 mit Leiter und 3 mit Leiterinnen); Frauengesprächskreise 20; Bibelgruppen in der Gemeinde GBS 7; Arbeitsgruppen 3

5. Fast alle Gruppen sind grundsätzlich offen für neue Teilnehmer.

6. Nach welchen Merkmalen setzen sich die Gruppenmitglieder zusammen?
Angaben ungenau

7. In welchen Abständen trifft sich die Gruppe?
wöchentlich: 35 / alle 2 Wochen: 18 / alle 3 Wochen: 0 / alle 4 Wochen: 7

8. Wieviel Teilnehmer kommen durchschnittlich?
0 bis 12 Teilnehmer/innen

9. Ab wieviel Teilnehmer würden Sie die Gruppe teilen?
ca. 15 Gruppenmitglieder

10. Wie sind Sie Gruppenleiter geworden?
Ich habe die Gruppe aufgebaut: 32
von der Gemeindeleitung beauftragt: 20
von der Gruppe ausgewählt: 9

11. Welche Ziele streben Sie als Gruppenleiter an?
Auseinandersetzen mit Glaubens- und Lebensfragen ca. 82:
intensiver, persönlicher, offener Austausch, seelsorgerlicher Austausch, gute Gemeinschaft, aktive Teilnahme aller Mitglieder, gegenseitige Ermutigung, Bezug zwischen Bibel und persönlichem Leben herstellen, Leben helfen, Lebenshilfe, Glauben leben lernen, christliche Gemeinschaft erleben – einüben, einander tragen, offen werden für andere, Integration in die Gruppe, Zusammengehörigkeit entwickeln, Solidarität, entspannte, offene Atmosphäre aufbauen

Hin- und Weiterführen im Glauben ca. 50:
Vertiefung, Wachstum nach innen,
Mutmachen für missionarisches Christsein
Einladen zum Glauben, Interesse und Neugier wecken,
Bibel kennenlernen, offen werden für Glauben, Bibel, Kirche und Gemeinde, biblische Lehre

Gemeinsames Beten ca. 9

Teilnehmer für Aktivitäten in der Gemeinde gewinnen ca. 7
Integration in Gemeinde

Neue Teilnehmer gewinnen,Teilung der Gruppe ca. 6

12. In welcher Funktion werden Sie als Gruppenleiter gefordert?
Rangfolge: 1. Gesprächsleiter, 2. Sprecher der Gruppe und Referent, 3. Organisator, 4. Seelsorger, 5. Antreiber, Motivator

13. Wie erfahren Sie, wie die Gruppe mit Ihrer Leitung zufrieden ist?
Die Mitglieder sagen mir's ca. 40; Ich spüre das ca. 30;
Ich frage die Gruppe direkt ca. 20

14. Wie führen Sie die Gruppe?
Welcher Vergleich dazu gefällt Ihnen am besten?
Kamerad 24; Teamchef 16; Partner ca. 8; Bergführer 7; fürsorgliche Mutter 5; älterer Bruder / Schwester 4; Kapitän 2

15. Was erwarten Sie von den Gruppenmitgliedern?
Mitarbeit und Beteiligung am Gruppengeschehen ca. 60:
Mitdenken, Ideen, Impulse, Motivation, Kritik, Feedback, Engagement

Offen für neue Erkenntnisse ca. 50:
echte, ehrliche Offenheit, Bereitschaft zur Veränderung, Selbstreflektion, Lernbereitschaft, Interesse an Bibel

Interesse an den anderen Teilnehmern ca. 30:
einander zuhören, offen für den anderen, Toleranz, Verantwortung füreinander, Fürbitte, Verständnis, Vertraulichkeit, Verschwiegenheit

Verbindlichkeit ca. 20
regelmäßiges Kommen, Verläßlichkeit, pünktliches Kommen

16. Welche Fähigkeiten hat Ihrem Verständnis nach ein idealer Gruppenleiter?

Perfekter Gesprächsleiter ca. 40

Vorbildhafte christliche Persönlichkeit ca. 40
echt, authentisch, glaubwürdig, charakterstark, demütig und selbstbewußt, selbstkritisch, Autorität, fester Glaube, Bibelkenntnis, Sachkompetenz, Lebenserfahrung, Beter, Seelsorger

Hohe Wertschätzung der Teilnehmer ca. 40
einfühlsam, verständnisvoll, warmherzig, tolerant, offen, ruhig, gelassen, liebevoll, freundlich, hilfsbereit, kontaktfreudig,vermittelt Geborgenheit und Sicherheit, schafft vertrauensvolle Atmosphäre

Menschenkenntnis ca. 30
Bedürfnisse des einzelnen und der Gruppe erkennen und darauf eingehen, teamfähig, führen ohne zu dominieren, artnerschaftlicher Führungsstil

Motivator ca. 15
Mutmacher, Gruppe aktivieren

17. Gemessen am Ideal, wo haben Gruppenleiter/innen die größten Schwächen?

Sie suchen persönliche Anerkennung, Ehre, Macht ca. 20
zu große Dominanz, reden zuviel, delegieren zuwenig

Mangelnde Wertschätzung einzelnen Teilnehmern gegenüber ca. 20
Antipathie, nicht genügend ernst nehmen, intolerant

Defizite in Bezug auf Gesprächsführung ca. 15
den roten Faden beibehalten bzw. wiederaufnehmen

Führungsschwäche ca. 10
Verantwortung übernehmen, Ziele stecken und verfolgen, die Teilnehmer motivieren und aktivieren, Vorbild

18. Mit welchen Problemen und Konflikten haben Sie sich als Gruppenleiter/in am stärksten auseinanderzusetzen?
Umgang mit schwierigen Teilnehmern ca. 20
Psychisch Kranken, Dauerrednern, Schweigern, dominanten Personen

Passivität und Konsumentenhaltung der Teilnehmer ca. 20
Unverbindlichkeit, geringes Engagement

Unterschiedliche Erwartungen und Voraussetzungen der Teilnehmer ca. 10

19. Finden Sie Hilfe für Ihre Aufgabe?
Austausch mit anderen Gruppenleitern 38
Literatur 36
Schulungen 25
Co-Leiter 19
Persönliche Begleitung durch erfahrenen Mitchristen (Mentor / Coach / Seelsorger) 17
Gesprächskreis mit anderen Gruppenleitern unter fremder Leitung (Supervision) 2
Keine 5

20. Welche der unter 19. genannten Hilfen wünschten Sie sich? Welche Hilfen können Sie sich noch vorstellen?
Literatur, Hilfen, Arbeitsblätter über 60
Mehr Austausch mit anderen Gruppenleitern ca. 15
Coaching, Mentoring, persönliche Begleitung ca. 15
Schulungen ca. 10
Co-Leiter ca. 10
Supervision 10
Unterstützung durch Gemeinde und Gemeindeleitung ca. 10

21. Worin liegen – Ihrer Erfahrung nach – die Hauptvorteile von Kleingruppenarbeit in einer Gemeinde?
Ein persönliches, ehrliches, offenes Gespräch wird möglich ca. 90
Jeder einzelne wird beachtet, die Gruppe ist überschaubar

Eine enge Gemeinschaft kann entstehen ca. 40
intensive Beziehungen können wachsen

22. Worin liegen – Ihrer Meinung nach – die Hauptgefahren von Kleingruppenarbeit (insbesonders Hauskreise)?
Verselbständigung, Gemeindeersatz ca. 60
Loslösung von der Gemeinde – Blick für das Ganze geht verloren / Kokurrenz zu anderen Gemeindeveranstaltungen, Sonderlehren / Elitedenken der Teilnehmer – Mißtrauen und Neid bei den anderen

Dreht sich um sich selber – schmort im eigenen Saft ca. 20
gemütliche Runde, Kaffeekränzchen, Tratschen, Versinken im Psychobrei, geschlossene Gesellschaft, Widerstände gegen neue Teilnehmer, verhindern Teilung

23. Wie lassen sich diese Gefahren vermindern?
Austausch der Gruppenleiter untereinander und mit der Gemeindeleitung ca. 30

Hauskreise in das Gemeindeleben mit einbeziehen ca. 20
Aufgaben in der Gemeinde übernehmen, gemeinsame Veranstaltungen, einheitliches Thema für alle Kreise

Gefahren bewußtmachen und gegensteuern ca. 10

Nach bestimmter Zeit Veränderungen vornehmen ca. 10
Zusammensetzung der Gruppen neuordnen,
die Leiter austauschen, Referenten einladen,
offene Abende um gezielt Gäste einladen zu können

Aufgaben, Verantwortung als Gruppe übernehmen ca. 10
Patenschaften

Ziele stecken und Erfolg überprüfen ca. 6

24. Mit welcher Art von »schwierigen Menschen« haben Sie in Ihrer Gruppe zu tun?
Passiven 31
Dauerredner 27
Schweigern 26
Psychisch Kranken 22
Besserwissern 18
Überaktiven 12
Streitsüchtigen 4
»Schauspielern« 4

Literaturhinweise

Auf der Grundlage des biblischen Menschenbildes

Hoffmann, Henning. Grundkurs Hauskreise und Kleingruppen. Witten 1997

Schmidt, Hans Hartmut. Arbeitsbuch für Gesprächsleiter/innen – Reden ist Silber ... Schweigen ein Problem!?. Neukirchen-Vluyn 1997

Schmidt, Hans Hartmut. Arbeitsbuch für Gesprächsleiter/innen – fix aber nicht fertig Bausteine für themenbezogenen Gruppengespräche. Neukirchen-Vluyn 1997

Schwarz, Christian A. Die natürliche Gemeindeentwicklung. Emmelsbüll 1996

Sheely, Steve. Was Gruppenleiter wissen müssen – Serendipity – Lebendige Kleingruppen. Gießen 1996

Stanley, Paul D. und Clinton, Robert J. Mentoring – Wir brauchen geistliche Väter und Mütter. Greng-Murten 1994

Auf der Grundlage der humanistischen Psychologie

Goleman, Daniel. Emotionale Intelligenz. München 1997

Knoll, Jörg. Kleingruppenmethoden – Effektive Gruppenarbeit in Kursen, Seminaren, Trainings und Tagungen. Weinheim 1993

Lehner, Birgit B. Selbstsicher werden – Hemmungen überwinden – Mut zur aktiven Lebensgestaltung. Weinheim und Basel 1992

Sader, Manfred. Psychologie der Gruppe. Weinheim und München 1996

Schulz von Thun, Friedemann. Miteinander Reden – Störungen und Klärungen 1. Hamburg 1991

Vopel, Klaus W., Handbuch für Gruppenleiter – Zur Theorie und Praxis der Interaktionsspiele. Hamburg 1988